성경종합고사를 위한

성경문제 핸드북

대학출판부 편

한국침례신학대학교 출판부

Contents

구약

신약

T.h.e. O.l.d. T.e.s.t.a.m.e.n.t.

구약

01 구약편 창세기

Genesis

선택형

1. 창세기는 총 몇 장으로 되어 있는가?
   (1) 48장　(2) 50장　(3) 52장　(4) 55장

2. 다음 중 창세기에 등장하지 않는 인물은 누구인가?
   (1) 아브라함　(2) 모세　(3) 노아　(4) 요셉

3. 다음 중 창세기에 등장하지 않는 사건은 무엇인가?
   (1) 인간창조　(2) 대홍수　(3) 열 가지 재앙　(4) 바벨탑

4. 다음 중 창세기에만 등장하는 사건은 무엇인가?
   (1) 만나와 메추라기　(2) 발람과 나귀
   (3) 소돔과 고모라　(4) 아론과 미리암

5. 하나님이 창조 후 안식하신 날은 몇 째 날인가?
   (1) 다섯째 날　(2) 여섯째 날　(3) 일곱째 날　(4) 주일

6. 하나님이 사람을 지으시고 복을 주시며 명령하신 것이 아닌 것은 무엇인가?
   (1) 생육하라　(2) 번성하라　(3) 싸우라　(4) 정복하라

7. 다음 중 하나님이 사람을 지으신 방식은 무엇인가?
   (1) 거푸집을 만드심 (2) 흙으로 만드심
   (3) 칼로 조각하심 (4) 짐승에서 진화시킴

8. 하나님이 보시기에 사람이 혼자 사는 것이 좋지 않아서 지어주신 것은 무엇인가?
   (1) 가축 (2) 새 (3) 돕는 베필 (4) 들짐승

9. 선악과를 먹지 말라고 하나님이 말씀하신 까닭에 대한 뱀의 해석은 무엇인가?
   (1) 먹으면 죽는다 (2) 먹으면 눈이 먼다
   (3) 먹으면 눈이 밝아져 하나님과 같이 된다 (4) 먹으면 나처럼 된다

10. 아담과 하와가 선악과를 먹은 후의 반응은 무엇인가?
   (1) 죽었다 (2) 지식을 습득하였다
   (3) 하나님이 되었다 (4) 발가벗은 줄 알았다

11. 다음 중 선악과를 먹은 여자에게 하나님이 내리신 저주가 아닌 것은 무엇인가?
   (1) 임신의 고통이 증가한다 (2) 남편을 원한다
   (3) 남편이 다스린다 (4) 남편을 미워한다

12. 다음 중 선악과를 먹은 아담에게 하나님이 내리신 저주가 아닌 것은 무엇인가?
   (1) 뱀과 원수가 된다
   (2) 땅에 가시덤불과 엉겅퀴를 낸다
   (3) 평생 수고해야 땅의 소산을 먹는다
   (4) 흙으로 돌아간다

13. 선악과를 먹은 아담과 하와 때문에 하나님이 하신 일은 무엇인가?
   (1) 무화과 나무 옷을 지어 입힌다
   (2) 가죽 옷을 지어 입힌다
   (3) 집을 져준다
   (4) 생명과를 먹도록 허락한다

14. 가인이 아벨을 죽인 후 가인에게 내린 하나님의 내리신 저주가 아닌 것은 무엇인가?
   (1) 밭을 갈이도 소산이 없을 것이다
   (2) 땅에서 유리하는 자가 될 것이다
   (3) 땅에서 저주를 받을 것이다
   (4) 제 수명을 못살고 일찍 죽을 것이다

15. 가인이 아내와 동침하여 낳은 아들 이름은 무엇인가?
   (1) 놋 (2) 셋 (3) 에녹 (4) 노아

16. 가인이 사람들에게 죽임을 당하지 않도록 하나님이 취하신 조치는 무엇인가?
   (1) 천사를 붙였다 (2) 동산에 가두었다
   (3) 표를 주었다 (4) 갑옷을 입혔다

17. 아담의 후손들 중에서 가장 오래 산 사람은 누구인가?
   (1) 셋 (2) 게난 (3) 마할살렐 (4) 므두셀라

18. 노아란 이름의 뜻은 무엇인가?
   (1) 수고롭다 (2) 땀흘리다 (3) 안위하다 (4) 영생하다

19. 노아가 홍수가 줄었는지 알아보기 위해 날려 보낸 새가 아닌 것은 무엇인가?

(1) 까마귀 (2) 비둘기 (3) 독수리

20. 대홍수가 그친 후 노아가 제일 먼저 한 행동은 무엇인가?

(1) 노래를 불렀다 (2) 언약을 체결했다
(3) 번제를 드렸다 (4) 농사를 지었다

21. 대홍수 이후 하나님이 노아와 맺은 언약의 증거는 무엇인가?

(1) 할례 (2) 무지개 (3) 안식일 (4) 방주

22. 노아 언약의 내용이 아닌 것은 무엇인가?

(1) 계절이 지속될 것이다 (2) 생명체를 물로 멸하지 않을 것이다
(3) 피를 먹어도 좋다 (4) 동물을 식용으로 사용할 수 있다

23. 아브람이 가나안에 들어가 처음으로 거주한 곳은 어디인가?

(1) 세겜 (2) 브엘세바 (3) 헤브론 (4) 벧엘

24. 아브람의 아내 사래가 출산하지 못하므로 첩으로 받아들인 애굽 여종은 누구인가?

(1) 빌하 (2) 하갈 (3) 드보라 (4) 십보라

25. 애굽인 첩 하갈이 아브람에게서 낳은 아들의 이름은 누구인가?

(1) 이스라엘 (2) 이스마엘 (3) 스마엘 (4) 스가랴

26. 아브라함 언약의 표징은 무엇인가?

(1) 이삭 (2) 할례 (3) 안식일 (4) 막벨라 굴

27. 여호와께서 소돔 성을 멸망시키지 않을 최소한의 의인 숫자는 몇 명인가?
(1) 50명 (2) 40명 (3) 30명 (4) 10명

28. 소돔과 고모라 성을 피하여 도망할 때 뒤를 돌아본 롯의 아내는 어떻게 되었는가?
(1) 눈이 멀었다 (2) 벙어리가 되었다
(3) 귀가 먹었다 (4) 소금기둥이 되었다

29. 아브라함의 나이 100세에 아내 사라가 낳은 아들 이삭의 뜻은 무엇인가?
(1) 즐겁다 (2) 기쁘다 (3) 웃다 (4) 재미있다

30. 아브라함이 하나님의 시험으로 독자 이삭을 번제로 바치러 간 장소는 어디인가?
(1) 브엘세바 (2) 모리아 산 (3) 마므레 (4) 세겜

31. 아브라함이 사라를 매장한 곳은 어디인가?
(1) 브엘세바 굴 (2) 세겜 굴 (3) 막벨라 굴 (4) 맛사다 굴

32. 이삭의 아내는 누구인가?
(1) 십보라 (2) 라합 (3) 리브가 (4) 라헬

33. 야곱이란 이름의 뜻은 무엇인가?
(1) 발꿈치 (2) 발목 (3) 손꿈치 (4) 손목

34. 에서는 무엇을 먹고 야곱에게 장자명분을 팔았는가?
(1) 양고기요리 (2) 떡과 팥죽 (3) 무교병 (4) 전채요리

35. 야곱이 얍복 나루에서 천사와 밤새 씨름하고 얻은 이름은 무엇인가?
(1) 브니엘 (2) 이스라엘 (3) 브엘세바 (4) 길르앗

36. 야곱의 별명 "이스라엘"의 의미는 무엇인가?
(1) 하나님과 및 사람들과 싸워 이기다
(2) 하나님과 및 사람들과 다투다
(3) 하나님과 및 사람들의 사랑을 받다
(4) 하나님과 및 사람들의 복이 되다

37. 하몰의 아들 세겜이 야곱의 딸 디나를 욕보이자 이에 분노한 야곱의 아들 중에서 성읍 남자들을 몰살한 사람들은 누구인가?
(1) 르우벤과 시므온 (2) 시므온과 단
(3) 시므온과 레위 (4) 레위와 유다

38. 야곱이 요셉을 사랑하여 지어준 것은 무엇인가?
(1) 신발 (2) 채색 옷 (3) 활 (4) 모자

39. 요셉이 미디안 상인에 의해 애굽의 누구에게 팔려갔는가?
(1) 아비멜렉 (2) 보디발 (3) 하만 (4) 히라

40. 유다의 며느리로서 시아버지를 속여 가계의 후손을 이어간 사람은 누구인가?
(1) 디나 (2) 라합 (3) 다말 (4) 룻

완성형

1. (　　　)에 하나님이 천지를 창조하시니라(창1:1).

2. 하나님이 자기 (　　　) 곧 하나님의 (　　　)대로 사람을 창조하시되 남자와 여자를 창조하시고(창1:27).

3. 여호와 하나님이 땅의 흙으로 사람을 지으시고 (　　　)를 그 코에 불어넣으시니 사람이 생령이 되니라(창2:7).

4. 셋도 아들을 낳고 그의 이름을 에노스라 하였으며 그 때에 사람들이 비로소 여호와의 (　　　)을 불렀더라(창4:26).

5. 이것이 노아의 족보니라 노아는 (　　　)이요 당대에 완전한 자라 그는 하나님과 동행하였으며(창6:9).

6. 내가 너로 큰 민족을 이루고 네게 복을 주어 네 (　　　)을 창대하게 하리니 너는 복이 될지라(창12:2).

7. 아브람아 두려워하지 말라 나는 네 방패요 너의 지극히 큰 (　　　)이니라(창15:1).

8. 사자가 이르시되 그 아이에게 네 손을 대지 말라 그에게 아무 일도 하지 말라 네가 네 아들 독자까지도 내게 아끼지 아니하였으니 내가 이제야 네가 하나님을 (　　　)하는 줄을 아노라(창22:12).

9. 그런즉 나를 이리로 보낸 이는 당신들이 아니요 (　　　)이시라(창45:8).

10. 요셉이 그들에게 이르되 두려워하지 마소서 내가 (　　　)을 대신하리이까 (창50:19).

11. 당신들은 나를 해하려 하였으나 하나님은 그것을 (　　　)으로 바꾸사 오늘과 같이 많은 백성의 생명을 구원하게 하시려 하셨나니(창50:20).

단답형

1. 하나님이 천지를 만드시던 첫째 날은 무엇을 지으셨는가? (　　　)

2. 하나님이 천지 창조를 마치시고 하신 일은 무엇인가? (　　　)

3. 하나님이 지으신 사람을 동방의 어디에 두셨는가? (　　　)

4. 노아의 언약의 징표는 무엇인가? (　　　)

5. 인류가 시날 땅에서 쌓다가 하나님의 진노로 중지한 곳의 이름은 무엇인가? (　　　)

6. 아브람의 고향은 어디인가? (　　　)

7. 사래가 아브람에게 아들을 낳지 못하자 대신 아브람의 자식을 낳도록 애굽 여인 누구를 붙여주었는가? (　　　)

8. 아브라함 언약의 표징은 무엇인가? (　　　)

9. 아브라함이 독자 이삭을 바치러 간 산의 이름은 무엇인가? (　　　)

10. "여호와의 산에서 준비되리라"란 뜻의 지명은 무엇인가? (　　　)

11. 야곱의 딸 디나를 욕보인 하몰의 아들 세겜은 어느 족속 사람인가? (　　　)

12. 유다가 며느리 다말을 창녀로 오인하여 동침하고 준 담보물은 무엇인가? (　　　)

13. 요셉이 옥 중에서 꿈을 해석해준 애굽 관원 중 관직을 회복한 사람은 누구인가? (　　　)

14. 야곱의 가족이 애굽에서 머물도록 허락받은 땅은 어디인가? (　　　)

15. 요셉의 두 아들 중에서 야곱이 오른 손으로 축복한 자는 누구인가? (　　　)

진위형(O,X)

1. 하나님은 일곱째 날에 창조를 마치시고 안식하셨다. (O , X)

2. 아담과 하와는 타락하기 전에 벌거벗음을 부끄러워하지 않았다. (O , X)

3. 죽음을 보지 않고 하나님이 데려간 사람은 노아이다. (O , X)

4. 노아 언약의 표징은 안식일이다. (O , X)

5. 족장 이야기 전체의 신학적 주제는 땅과 자손이다. (O , X)

6. 이스라엘은 얍복 강에서 야곱이 받은 새 이름이다. (O , X)

7. 라헬이 죽기 직전에 낳은 아들은 요셉이다 (O , X).

8. 창세기는 모두 55장으로 구성되어 있다. (O , X)

9. 창세기 1-11장은 인간이 축복을 주도하였으나 실패한 역사를, 12-50장은 하나님이 축복을 주도하여 성공하는 역사를 보여준다. (O , X)

정 답

선택형

1.(2) 2.(2) 3.(3) 4.(3) 5.(3) 6.(3) 7.(2) 8.(3) 9.(3) 10.(4) 11.(4) 12.(1) 13.(2) 14.(4) 15.(3) 16.(3) 17.(4) 18.(3) 19.(3) 20.(3) 21.(2) 22.(3) 23.(1) 24.(2) 25.(2) 26.(2) 27.(4) 28.(4) 29.(3) 30.(2) 31.(3) 32.(3) 33.(1) 34.(2) 35.(2) 36.(1) 37.(3) 38.(2) 39.(2) 40.(3)

완성형

1.태초 2.형상 3.생기 4.이름 5.의인 6.이름 7.상급 8.경외 9.하나님 10.하나님 11.선

단답형

1.빛 2.안식 3.에덴 4.무지개 5.바벨 6.갈대아 우르 7.하갈 8.할례 9.모리아 10.여호와 이레 11.히위 족속 12.도장,끈,지팡이 13.술 맡은 관원 14.고센 15.에브라임

진위형

1.(O) 2.(O) 3.(X) 4.(X) 5.(O) 6.(O) 7.(X) 8.(X) 9.(O)

02 구약편 출애굽기

Exodus

선택형

1. "내가 애굽에 있는 내 백성의 고통을 분명히 보고 그들이 그들의 감독자로 말미암아 부르짖음을 듣고 그 근심을 알고 내가 내려가서 그들을 애굽인의 손에서 건져내고 그들을 그 땅에서 인도하여…"라는 말씀은 여호와께서 누구에게 주신 말씀인가? (출3:7)

   (1) 여호수아 (2) 아브라함 (3) 아론 (4) 모세

2. 모세가 바로 앞에서 보인 첫째 재앙은 무엇인가? (출7:17)

   (1) 나일 강을 피로 변하게 한 것 (2) 개구리 재앙
   (3) 흑암 재앙 (4) 파리 재앙

3. 애굽에 있던 이스라엘 백성들의 장자들이 여호와의 재앙을 면하게 된 것을 기념하는 절기는 무엇인가? (출12:11)

   (1) 오순절 (2) 맥추절 (3) 수장절 (4) 유월절

4. 애굽에서 도망을 나온 이스라엘 백성들이 홍해를 육지처럼 건너고 난 후에 손에 소고를 잡고 이스라엘 여인들과 함께 춤추며 여호와를 찬송한 여선지자는 누구인가? (출15:20)

   (1) 라합 (2) 미리암 (3) 라헬 (4) 십보라

5. 십계명 중에 “너를 위하여 새긴 우상을 만들지 말고 또 위로 하늘에 있는 것이나 아래로 땅에 있는 것이나 땅 아래 물 속에 있는 것의 어떤 형상도 만들지 말며 그것들에게 절하지 말며 그것들을 섬기지 말라”라는 계명은 몇째 계명인가? (출20:4)

(1) 첫째 (2) 둘째 (3) 셋째 (4) 넷째

6. 백성들이 금송아지 형상을 만들어 예배를 드리는 것을 보고 “그러나 이제 그들의 죄를 사하시옵소서 그렇지 아니하시오면 원하건대 주께서 기록하신 책에서 내 이름을 지워버려 주옵소서”라고 간구한 자는 누구인가? (출32:32)

(1) 모세 (2) 아론 (3) 여호수아 (4) 갈렙

7. 이스라엘 백성들이 광야에서 성막을 완성하게 되었을 때 여호와의 무엇이 성막에 충만하게 임하게 되었는가? (출40:34)

(1) 영광 (2) 광채 (3) 천사 (4) 은총

완성형

1. 여호와께서 그에게 이르시되 네 손에 있는 것이 무엇이냐 그가 이르되 지팡이니이다 여호와께서 이르시되 그것을 땅에 던지라 하시매 곧 땅에 던지니 그것이 ( )이 된지라(출4:2-3)

2. 너희는 이레 동안 ( )을 먹을지니 그 첫날에 누룩을 너희 집에서 제하라 무릇 첫날부터 일곱째 날까지 유교병을 먹는 자는 이스라엘에서 끊어지리라(출12:15).

3. 출애굽한 이스라엘 백성들이 광야에서 여행하는 동안 하나님께서 그

들에게 메추라기와 (   )를 주셨다(출16:31).

4. 네 부모를 (   )하라 그리하면 네 하나님 여호와가 네게 준 땅에서 네 생명이 길리라(출20:12).

5. 낮에는 여호와의 (   )이 성막 위에 있고 밤에는 불이 그 구름 가운데에 있음을 이스라엘의 온 족속이 그 모든 행진하는 길에서 그들의 눈으로 보았더라(출40:38).

단답형

1. "오 주여 나는 본래 말을 잘 하지 못하는 자니이다 주께서 주의 종에게 명령하신 후에도 역시 그러하니 나는 입이 뻣뻣하고 혀가 둔한 자니이다"라고 말한 자는 누구인가? (출4:10) (   )

2. 모세가 바로와 애굽에 내린 열 가지 재앙들 중에 처음 난 것들이 다 죽게 한 것은 몇째 재앙인가? (출11-12장) (   )

3. 모세가 쓴 물이 나는 곳에 나무를 던져 단 물로 만든 곳은 어디인가? (출15:23-25)(   )

4. 출애굽한 이스라엘 백성들이 광야 생활을 하는 동안 여호와의 임재를 느낄 수 있도록 만든 장막을 무엇이라고 하는가? (출25장) (   )

진위형(O,X)

1. 여호와께서 모세를 이스라엘의 지도자로 부르셨을 때에 그가 말을 잘 못하고 입이 뻣뻣하고 혀가 둔하다고 말하자, 여호와께서는 아론을 대언자로 붙여주셨다(출4:14). (O , X)

2. 애굽의 가축들에게 심한 돌림병이 생겨 죽게 한 것은 열 가지 재앙에 포함되지 않는다(출9:3). (O , X)

3. 광야 생활을 하는 이스라엘 백성들을 홀로 재판하는 모세에게 천부장, 백부장, 오십부장, 십부장을 두어서 다스리도록 제안을 했던 사람은 그의 장인 이드로이다(출18:13-27). (O , X)

4. 출애굽기 21장에 의하면 고의적으로 사람을 죽이지 않은 자라도 반드시 죽여야 한다. (O , X).

정 답

선택형

1.(4) 2.(1) 3.(4) 4.(2) 5.(2) 6.(1) 7.(1)

완성형

1.뱀 2.무교병 3.만나 4.공경 5.구름

단답형

1.모세 2.열번째 3.마라 4.성막(회막)

진위형

1.(O) 2.(X) 3.(O) 4.(X)

03 구약편 레위기

Leviticus

선택형

1. 짐승 제사에서 제물을 모두 태워서 드리는 제사는 무엇인가?

(1) 번제　(2) 소제　(3) 화목제　(4) 속건제

2. 다음 중에 제사장의 죄를 씻을 수 있는 제사는 무엇인가?

(1) 번제　(2) 소제　(3) 속죄제　(4) 속건제

3. 다음 중에 제물로 바친 짐승의 먹을 수 없는 부위는 무엇인가?

(1) 콩팥　(2) 고기　(3) 피　(4) 기름

4. 첫 곡식을 드리는 절기는 무엇인가?

(1) 유월절　(2) 무교절　(3) 장막절　(4) 칠칠절

5. 안식년은 몇 년마다 지키는가?

(1) 이년　(2) 사년　(3) 칠년　(4) 십년

완성형

1. 그 예물이 소의 번제이면 (   ) 없는 수컷으로 회막 문에서 여호와 앞에 기쁘시게 받으시도록 드릴지니라(레1:3).

2. 너희가 여호와께 드리는 모든 소제물에는 (   )을 넣지 말지니 너희가 (   )이나 꿀을 여호와께 화제로 드려 사르지 못할지니라(레2:11).

3. 모세가 아론과 그의 아들들을 데려다가 물로 그들을 씻기고 아론에게 속옷을 입히며 띠를 띠우고 겉옷을 입히며 (   )을 걸쳐 입히고 (   )의 장식 띠를 띠워서 (   )을 몸에 매고(레8:6-7).

4. 육체의 생명은 (   )에 있음이라 이 (   )를 너희에게 주어 제단에 뿌려 너희의 생명을 위하여 속죄하게 하였나니 생명이 피에 있으므로 (   )가 죄를 속하느니라(레17:11).

5. 너는 이스라엘 자손의 온 회중에게 말하여 이르라 너희는 (   )하라 이는 나 여호와 너희 하나님이 거룩함이니라(레19:2).

단답형

1. 희년은 몇 년마다 지키는가? (   )

2. 레위기는 구약성서의 오경 중에서 몇 번째 책인가? (   )

3. 죄와 상관없이 고기를 함께 나누어 먹기 위해 드리는 제사는 무엇인가? (   )

4. 가난한 사람이 죄를 지었을 경우에 소, 양, 염소 대신에 무엇을 드릴 수 있는가? (　　　)

5. 품꾼의 삯은 언제까지 주어야 하는가? (　　　)

진위형(O,X)

1. 레위기는 오직 제사장들에게만 주는 말씀이 기록되어 있다. (O , X)

2. 제물을 바치는 사람은 제물의 머리에 안수한 후 드린다. (O , X)

3. 제단 위의 불은 안식일에 한 번 끌 수 있다. (O , X)

4. 레위기 17-26장을 성결법전이라고 부른다. (O , X)

정 답

선택형

1.(1) 2.(3) 3.(3) 4.(4) 5.(3)

완성형

1.흠 2.누룩 3.에봇 4.피 5.거룩

단답형

1.50년 2.세번째 3.화목제 4.비둘기 5.당일

진위형

1.(X) 2.(O) 3.(X) 4.(O)

04 구약편 민수기

Numbers

선택형

1. 민수기 12장 1절에서 미리암과 아론이 모세를 비방한 이유는 무엇인가?
   (1) 모세가 구스 여자를 쫓아내어서
   (2) 구스 여자가 모세를 사랑하여
   (3) 모세가 구스 여자를 취하여서
   (4) 모세가 구스에서 살고 싶어서

2. "하나님은 사람이 아니시니 거짓말을 하지 않으시고 인생이 아니시니 후회가 없으시도다 어찌 그 말씀하신 바를 행하지 않으시며 하신 말씀을 실행하지 않으시랴"(민23:19) 이 말씀은 누가 누구에게 한 것인가?
   (1) 모세가 미리암에게 (2) 발람이 발락에게
   (3) 발락이 발람에게 (4) 모세가 발락에게

3. 다음 괄호 안에 들어갈 말은 무엇인가? "그 다음에 (   )이(가) 레위인의 진과 함께 모든 진의 중앙에 있어 진행하되 그들의 진친 순서대로 각 사람은 그 위치에서 그 기를 따라 앞으로 행할지니라"(민2:17)
   (1) 제사장 (2) 장막 (3) 법궤 (4) 회막

4. 민수기 7장에 관한 내용이다. 다음 중 틀린 것은 무엇인가?

(1) 족장들은 여호와께 수레를 바쳤다(3절)

(2) 그 수레들은 레위인들에게 주어지고 회막 봉사에 쓰였다(5절)

(3) 제단을 봉헌할 때 예물을 드린다(10절 이하)

(4) 희생제물은 반드시 저녁때에만 드려야 한다

5. 민수기와 관련 없는 것은 무엇인가?

(1) 지도자 모세 (2) 메추라기와 만나

(3) 장대에 달린 놋뱀 (4) 희년법

6. 가나안 정탐꾼들의 보고에 대한 내용 중 틀린 것은 무엇인가? (민13장)

(1) 그 땅엔 젖과 꿀이 흐르고 있지 않았다

(2) 갈렙은 올라가 그 땅을 취하자고 하였다

(3) 그 땅 거주민은 강하고 성읍은 견고하고 심히 크다

(4) 그 땅의 과일을 가지고 와 보여주었다

7. 민수기에 대한 내용 중 틀린 것은 무엇인가?

(1) 하나님이 시내산에서 주신 부가된 명령들이 나온다

(2) 시내산에서 광야를 거쳐 약속된 땅에 이르는 여정이 나온다

(3) 모세가 여호와 하나님을 만난 장면이 처음으로 기록되어있다

(4) 네겝과 요단 동편의 정복과 이주에 대한 내용이 기록되어있다

완성형

1. 레위 지파를 대표했던 아론의 지팡이에 꽃이 피고 열매가 열려 그가 선택된 후 하나님께서 하신 말씀은 다음과 같다. "너와 네 아들들 과 네 조상의 가문은 성소에 대한 ( )를 함께 담당할 것이요 너와 네 아들들은 너희의 제사장 직분에 대한 ( )를 함께 담당할 것이니라"(민18:1).

2. 모세가 그에게 이르되 네가 나를 두고 시기하느냐 여호와께서 그의 영을 그의 모든 백성에게 주사 다 ( )가/이 되게 하시기를 원하노라(민11:29).

3. 내가 이스라엘의 ( )를 레위 자손에게 기업으로 다 주어서 그들이 하는 일 곧 회막에서 하는 일을 갚나니(민18:21).

4. 이스라엘 자손에게 말하여 그들에게 이르라 너희가 요단강을 건너 가나안 땅에 들어가거든 너희를 위하여 성읍을 ( )으로 정하여 부지중에 살인한 자가 그리로 피하게 하라(민35:10-11)

단답형

1. 민수기 6장은 특별한 서원에 대하여 말하는데, 자기 몸을 구별하여 여호와께 드리려고 하면 자기 몸을 구별하는 모든 날 동안에는 포도나무 소산은 씨나 껍질이라도 먹지 않고 그 서원을 하고 구별하는 모든 날 동안은 삭도를 절대로 그의 머리에 대지 않는 서원은 누구의 서원인가? ( )

2. 모세를 뒤 이을 후계자로 임명된 사람은 누구인가? ( )

3. 민수기 4장에서 지성소와 천막, 휘장 등을 운반하기로 임무를 받은 이들은 누구인가? (　　　)

진위형(O,X)

1. 민수기 21장에서 모세가 놋뱀을 만들어 장대위에 달았다. 뱀에게 물린 자들은 이 놋뱀을 만져야만 살 수 있었다. (O , X)

2. 민수기에서 이스라엘 인구 조사가 두 번 이루어졌는데, 한번은 시내산에서 또 한 번은 모압 평지에서 이루어졌다. (O , X)

3. 이스라엘 백성은 하나님이 주시기로 한 가나안 땅을 정탐하고 나서 감사의 예배를 드린다(민14:1). (O , X)

4. 부정한 사람은 한 달 뒤에 유월절을 거행해야 한다(민9:1-14). (O , X)

5. 민수기 14장에서, 여호와께 방종하였던 이스라엘은 아멜렉에게 패전한다. (O , X)

정 답

선택형

1.(3) 2.(2) 3.(4) 4.(4) 5.(4)(희년법은 주로 레위기에 나오고, 민수기에선 36장 4절에만 언급) 6.(1) 7.(3)

완성형

1.죄, 죄 2.선지자 3.십일조 4.도피성

단답형

1.나실인 2.여호수아 3.레위인

진위형

1.(X)(쳐다보기만 하여도) 2.(O) 3.(X)(통곡하며 원망한다) 4.(O) 5.(O)

05 구약편 신명기

Deuteronomy

선택형

1. 다음 중 신명기에서 발견 되지 않는 규정은 무엇인가?

   (1) 소위 십계명이라 불리는 율법

   (2) 왕이 지켜야 할 율법

   (3) 병역 의무 면제에 관한 법

   (4) 이스라엘 여러 성소에서 제의를 행해야 한다는 법

2. 신명기에서 율법에 대하여 본격적으로 다루기 전 모세는 여러 경고의 말을 한다. 이에 대한 내용으로 틀린 것은? (신4:1-49)

   (1) 형상을 만들어 숭배하지 마라

   (2) 한번 약속의 땅에 들어가면 영원히 그 곳에서 살 것이다

   (3) 여호와 하나님 외에 다른 신은 없다

   (4) 여호와께서 이스라엘 백성의 조상을 애굽에서 건져내셨다

3. 다음 중 신명기 5장에 나온 소위 '십계명' 에 속하지 않는 것은 무엇인가?

   (1) 너희는 예루살렘에서만 하나님께 제사를 드려라

   (2) 여호와 외에는 다른 신들을 네게 두지 말아라

   (3) 하나님 여호와의 이름을 망령되이 일컫지 말라

   (4) 네 이웃에 대하여 거짓 증거하지 말아라

4. 모세가 신명기서에서 이스라엘 백성에게 연설하고 가르치는 것이 아닌 것은 무엇인가?

(1) 죽음 이후의 영광 (2) 이스라엘 백성의 과거 역사

(3) 여러 율례와 율법들 (4) 하나님에게만 충성할 것을 요구

5. 모세의 첫 번째 연설 (신1:1-4:43)은 이스라엘 백성의 과거 역사를 상고하며 교훈을 전한다. 이에 대한 옳지 않은 설명은 무엇인가?

(1) 이스라엘의 불신앙에 대해 하나님은 심판하신다

(2) 이스라엘의 미래 역사는 이미 여호수아에게 다 알려 주셨다

(3) 이스라엘이 하나님께 순종할 때에는 하나님이 구원을 베푸신다

(4) 하나님에 대한 순종은 축복을 가져오고 불순종은 형벌을 낳는다

6. 신명기서에서 말하는 여호와 하나님의 성격이 아닌 것은 무엇인가? (신7:9-11)

(1) 신실하신 하나님

(2) 자신을 사랑하는 자에게 천대까지 그 언약을 이행하시는 하나님

(3) 자신을 미워하는 자도 절대 보응하지 않으시는 사랑의 하나님

(4) 인애를 베푸시는 하나님

7. 신명기 8장에 근거하여, 하나님이 이스라엘로 사십년 동안 광야 길을 걷게 하신 이유가 아닌 것은 무엇인가?

(1) 이스라엘 군사들을 훈련시키기 위하여

(2) 이스라엘을 낮추시기 위하여

(3) 이스라엘을 시험하여 그 마음이 어떠한지 알기 위하여

(4) 이스라엘을 시험하여 그 명령을 지키는지 알려하기 위하여

완성형

1. '쉐마 이스라엘'은 신명기의 가장 유명하고 중요한 구절로 알려진 6장 4절을 일컫는다. 다음 4-5절의 괄호 안에 공통적으로 들어 갈 단어를 적어라. "이스라엘아 들으라 우리 하나님 (　　　)는 오직 유일한 (　　　)이시니, 너는 마음을 다하고 뜻을 다하고 힘을 다하여 네 하나님 (　　　)를 사랑하라."

2. 이러므로 너희는 나의 이 (　　　)을/를 너희의 마음과 뜻에 두고 또 그것을 너희의 손목에 매어 기호를 삼고 너희 미간에 붙여 표를 삼으며 또 그것을 너희의 자녀에게 가르치며 집에 앉아 있을 때에든지, 길을 갈 때에든지, 누워 있을 때에든지, 일어날 때에든지 이 (　　　)을/를 강론하고, 또 네 집 문설주와 바깥문에 기록하라(신11:18-20).

3. 내가 오늘 (　　　)과 (　　　)를 너희 앞에 두나니, 너희가 만일 내가 오늘 너희에게 명하는 너희의 하나님 여호와의 명령을 들으면 (　　　)이 될 것이요, 너희가 만일 내가 오늘 너희에게 명령하는 도에서 돌이켜 떠나 너희의 하나님 여호와의 명령을 듣지 아니하고 본래 알지 못하던 다른 신들을 따르면 (　　　)를 받으리라(신11:26-28).

4. 너를 낮추시며 너를 주리게 하시며 또 너도 알지 못하며 네 조상들도 알지 못하던 만나를 네게 먹이신 것은 사람이 떡으로만 사는 것이 아니요 여호와의 입에서 나오는 모든 (　　　)으로 사는 줄을 네가 알게 하려 하심이니라(신8:3).

단답형

1. 신명기 5장에 나오는 소위 '십계명' 의 내용은 성경의 어느 책에 이미 등장한 것인가? (　　　)

2. 고대 이스라엘은 남자의 육신에 할례를 행하였다. 신명기서는 이를 재해석한 것이 유명한데, 어디에 할례를 행하라고 하였는가? (신10:16; 30:6) (　　　)

3. 신명기 17장에서 이스라엘 왕이 평생 자기 옆에 두고 읽어 배우며 지켜 행하여야 할 것은 무엇인가? (신17:17-19) (　　　)

진위형(O,X)

1. 신명기는 이스라엘이 이방 민족을 이겨 승리했을 때에 자만해 지지 말것을 경고한다(신9:1-6). (O , X)

2. 이방인들의 예배 처소는 이방인들이 알아서 관리하도록 한다(신12:2-31). (O , X)

3. 모세는 결국 요단강 건너 약속의 땅으로 들어갔다(신1:34-40). (O , X)

4. 하나님은 이스라엘이 배부르고 소유가 풍성해지면 하나님을 잊을까 염려하신다(신8:12-14). (O , X)

5. 신명기에 따르자면, 하나님의 명령과 말씀은 어렵기 때문에 심히 노력하여야만 행할 수 있다(신30:11-14). (O , X)

정 답

선택형

1.(4)(신명기는 단 하나의 유일한 성소만 가지라는 제의 중앙 집결을 강력히 말하는 책이다) 2.(2)(16-17절에 추방의 가능성을 경고한다) 3.(1) 4.(1) 5.(2) 6.(3) 7.(1)

완성형

1.여호와 2.말(말씀) 3.복, 저주, 복, 저주 4.말씀

단답형

1.출애굽기 2.마음 3.율법(서)

진위형

1.(O) 2.(X)(파괴한다) 3.(X) 4.(O) 5.(X)

06 구약편 여호수아

Joshua

선택형

1. 여리고 성이 함락, 가나안 정복, 땅의 분배 등과 관련된 책은 무엇인가?
   (1) 출애굽기　(2) 민수기　(3) 신명기　(4) 여호수아

2. "오직 강하고 극히 담대하여 나의 종 모세가 네게 명령한 그 율법을 다 지켜 행하고 우로나 좌로나 치우치지 말라 그리하면 어디로 가든지 형통하리니"라는 약속은 하나님께서 누구에게 주신 것인가? (수1:7)
   (1) 갈렙　(2) 아론　(3) 여호수아　(4) 사무엘

3. 요단 강물이 갈라진 때는 언제인가? (수3:15)
   (1) 여호수아가 손을 들 때
   (2) 백성들이 소리를 지를 때
   (3) 언약궤를 멘 제사장들의 발이 요단의 물을 밟을 때
   (4) 여호수아가 지팡이를 요단강에 내리칠 때

4. 여호수아가 이스라엘 지파들에게 가나안 땅을 분배할 때 어떤 방법을 택했는가? (수14:2)
   (1) 모세의 유언에 따라　(2) 제비 뽑아
   (3) 각 지파들이 원하는대로　(4)여호수아가 명령하여

5. 이스라엘이 가나안에서 쫓아내지 못하여 함께 예루살렘에 거한 족속은 누구인가? (수15:63)

(1) 여부스 (2)블레셋 (3)아모리 (4)헷

완성형

1. 여호수아 3장에 의하면 이스라엘 백성들이 요단강을 건너 가나안으로 침공할 때에 여호수아가 제사장들에게 ( )를 메고 백성보다 앞서 건너게 했다.

2. 이스라엘 자손들이 여호수아가 명령한 대로 행하되 여호와께서 여호수아에게 이르신 대로 이스라엘 자손들의 지파의 수를 따라 요단 가운데에서 돌 ( )을 택하여 자기들이 유숙할 곳으로 가져다가 거기에 두었더라(수4:8).

3. 여리고 성을 함락한 이스라엘 백성들이 아이 성을 진격하였다가 패하게 된 이유는 ( )이 하나님의 명령을 어기고 외투와 은 이백 세겔과 무게가 오십 세겔이 되는 금덩이 하나를 취했기 때문이다(수7:21).

4. "만일 여호와를 섬기는 것이 너희에게 좋지 않게 보이거든 너희 조상들이 강 저쪽에서 섬기던 신들이든지 또는 너희가 거주하는 땅에 있는 아모리 족속의 신들이든지 너희가 섬길 자를 오늘 택하라 오직 나와 내 집은 여호와를 섬기겠노라"라고 선포한 자는 ( )이다(수24:15).

단답형

1. 여리고에 살았던 기생으로 이스라엘의 두 정탐꾼을 숨겨준 사람은 누구인가? (수2:2-3) (　　　)

2. 이스라엘 백성들이 여리고 성을 함락시키기 위해 성 주위를 몇 번 돌았는가? (수6:3-4) (　　　)

3. "그 날에 여호와께서 말씀하신 이 산지를 지금 내게 주소서 당신도 그 날에 들으셨거니와 그 곳에는 아낙 사람이 있고 그 성읍들은 크고 견고할지라도 여호와께서 나와 함께 하시면 내가 여호와께서 말씀하신 대로 그들을 쫓아내리이다"라고 말한 자는 누구인가? (수14:12) (　　　)

4. 아론의 아들로서, 이스라엘 백성들이 가나안을 점령할 때 여호수아와 함께 지도자 역할을 했던 제사장은 누구인가? (수14:1, 24:33) (　　　)

진위형(O,X)

1. 가나안 정복을 시작한 이스라엘 백성들이 처음 침공해야 했던 성은 아이성이다(수6장).

2. 요단강을 건넌 이스라엘 백성들이 할례 산에서 할례를 행했을 때 여호와께서 그들에게 "내가 오늘 애굽의 수치를 너희에게서 떠나가게 하였다"고 말씀해주셨다(수5:9). (O , X)

3. 광야에서 내렸던 만나가 비로소 그친 곳은 길갈이다(수 5:12). (O , X)

4. 도피성에는 부지중에 실수로 사람을 죽인 자들뿐만 아니라 의도적으로

사람을 죽인 자도 함께 피하여 보복을 면할 수 있었다(수20:3). (O , X)

5. 여리고 성을 함락시킨 이스라엘 백성들은 그 전리품들을 여호와의 곳간에 넣어야 했다(수6:19). (O , X)

정 답

선택형

1.(4) 2.(3) 3.(3) 4.(2) 5.(1)

완성형

1.언약궤(법궤) 2.열둘 3.아간 4.여호수아

단답형

1.라합 2.13(열셋) 3.갈렙 4.엘르아살

진위형

1.(X) 2.(O) 3.(O) 4.(X) 5.(O)

07 구약편 사사기

Judges

선택형

1. "이스라엘 자손이 여호와의 목전에 악을 행하여 자기들의 하나님 여호와를 잊어버리고 바알들과 아세라들을 섬긴지라"라는 구절과 비슷한 구절들이 반복되는 책은 무엇인가? (삿3:7)

   (1) 사사기 (2) 여호수아 (3) 신명기 (4) 사무엘서

2. 드보라에 관한 설명 중에서 틀린 것은 무엇인가? (삿4:4-6)

   (1) 남편이 랍비돗이다 (2) 여선지자이다
   (3) 가나안 왕 야빈과 싸웠다 (4) 발람을 군대 장관으로 세웠다

3. 사사기 9장에 언급되는 요담의 비유에 포함되지 않는 나무는 무엇인가?

   (1) 감람나무 (2) 떨기나무 (3) 무화과나무 (4) 가시나무

4. 사사 삼손의 힘의 근원은 어디에 있었는가? (삿16:17)

   (1) 머리털 (2) 오른팔 (3) 왼팔 (4) 넓적다리

(완성형)

1. 사사기는 “그 때에 이스라엘이 (   )이 없으므로 사람이 각기 자기의 소견에 옳은 대로 행하였더라”라는 구절로 끝난다(삿21:25).

2. 이스라엘의 여사사는 (   )이다(삿4, 5장).

3. 세 대가 나팔을 불며 항아리를 부수고 왼손에 횃불을 들고 오른손에 나팔을 들어 불며 외쳐 이르되 여호와와 기드온의 (   )이다 하고(삿7:20).

4. 나귀 턱뼈로 블레셋 사람 일천 명을 죽인 이스라엘의 사사는 (   )이다(삿15:15).

(단답형)

1. 옷니엘, 기드온, 입다, 삼손 등과 같은 인물들이 언급되는 구약의 책은 무엇인가? (   )

2. 겐 사람 헤벨의 아내 야엘의 장막에서 그녀에 의해 말뚝에 박혀 죽게 된 가나안의 장수의 이름은 무엇인가? (삿4, 5장) (   )

3. “주 여호와여 구하옵나니 나를 생각하옵소서 하나님이여 구하옵나니 이번만 나를 강하게 하사 나의 두 눈을 뺀 블레셋 사람에게 원수를 단번에 갚게 하옵소서”라고 기도한 사사는 누구인가? (삿16:28) (   )

진위형(O,X)

1. 여룹바알은 기드온의 또 다른 이름이다(삿6:32; 7:1). (O , X)

2. 이스라엘의 사사들 중에서 바알과 아세라의 제단을 훼파한 자는 기드온이다(삿 6:25). (O , X)

3. 사사기 9장에 나오는 감람나무, 무화과나무, 포도나무, 가시나무의 비유 중에 가시나무가 상징하는 자는 아비멜렉이다. (O , X)

4. 자신이 여호와 앞에 한 서원 때문에 자신의 딸을 미스바에서 번제로 바쳐야했던 사사는 입다이다(삿 11장). (O , X)

5. 레위인의 첩 사건으로 나머지 열 한 지파와 싸워야 했던 이스라엘의 한 지파는 베냐민 지파이다(삿19, 20장). (O , X)

정 답

선택형

1.(1) 2.(4) 3.(2) 4.(1)

완성형

1.왕 2.드보라 3.칼 4.삼손

단답형

1.사사기 2.시스라 3.삼손

진위형

1.(O) 2.(O) 3.(O) 4.(O) 5.(O)

08 구약편 룻 기

Ruth

선택형

1. 룻기의 내용에 대한 설명으로 옳지 않은 것은 무엇인가?
   (1) 룻의 시어머니 나오미는 흉년 때문에 가족들과 모압에 가서 살았다
   (2) 나오미는 두 아들이 있었다
   (3) 주인공 룻은 정통 이스라엘 계통의 여자이다
   (4) 모압에서 나오미의 두 아들과 남편은 모두 죽었다

2. 룻에 대한 설명으로 옳지 않은 것은 무엇인가?
   (1) 모압 여자인데 이스라엘 집안에 시집갔다
   (2) 남편이 죽었지만 시어머니에게 '어머니의 백성이 나의 백성이 되고 어머니의 하나님이 나의 하나님이 되시리니' 라고 말하였다
   (3) 남편이 죽자 당시 풍습에 따라 남편의 형제와 결혼하였다
   (4) 시어머니도 과부가 되었다

3. 과부가 된 룻은 자신의 처지를 누구와 의논하여 극복하는가?
   (1) 사사
   (2) 하나님
   (3) 과부인 시어머니 나오미
   (4) 보리 추수하는 자들

4. 룻기의 지리적 배경이 되는 곳으로 옳지 않은 곳은 어디인가?
   (1) 모압 땅
   (2) 베들레헴 우물가
   (3) 타작마당
   (4) 베들레헴의 어느 밭

5. 자신 곁에 누워있는 룻을 보고 보아스가 한 반응으로 옳은 것은 무엇인가?
   (1) 정숙치 못한 여인이라며 마구 꾸짖었다
   (2) 여호와의 복을 빌어 주었다
   (3) 놀라 실신하였다
   (4) 성읍 장로들을 모아 놓고 룻을 고발하였다

6. 룻이 보아스에게 이방 여인인 자신에게 어찌하여 밭에서 이삭을 줍도록 은혜를 베푸는 지 물었을 때 보아스가 한 대답으로 옳지 않은 것은 무엇인가?
   (1) 남편이 죽은 후 네가 시어머니에게 한 모든 것을 내가 들었다
   (2) 남편이 죽었지만 부모와 고국을 떠나 알지 못하던 백성에게로 온 것을 들었다
   (3) 하나님이 꿈에 내게 나타나셔서 네가 올 것을 미리 알려 주셨다
   (4) 여호와께서 네가 한 모든 일에 보응하시고 상주시기를 원한다

완성형

1. 룻이 이르되 내게 어머니를 떠나며 어머니를 따르지 말고 돌아가라 강권하지 마옵소서 어머니께서 가시는 곳에 나도 가고 어머니께서 머무시는 곳에서 나도 머물겠나이다 어머니의 백성이 나의 (   )이 되고 어머니의 하나님이 나의 (   )이 되시리니(룻1:16).

단답형

1. 룻기의 마지막에는 족보가 등장한다. 그 족보 마지막에 등장하는 인물은 누구인가? 룻은 그 인물의 증조모이다. (   )

2. 나오미와 룻이 양식 때문에 베들레헴에 왔을 때 그곳은 무슨 곡물을 추수 할 때였는가? (   )

진위형(O,X)

1. 다윗의 혈통은 이방인이 전혀 없는 순수 이스라엘 혈통이다. (O , X)

2. 이삭을 줍는 룻은 보아스의 주목을 끌었고, 보아스는 보리 베는 자들이 룻을 성가시지 않도록 보호하였다(룻2:1-23). (O , X)

3. 나오미의 두 모압 며느리 중 룻의 동서는 자기 남편이 죽고 시어머니가 고향에 돌아가려 할 때 자신의 고향으로 돌아갔다(룻1:1-22). (O , X)

정 답

선택형

1.(3)(룻은 모압, 즉 이방 여인이다) 2.(3) 3.(3) 4.(2) 5.(2) 6.(3)

완성형

1.백성, 하나님

단답형

1.다윗 2.보리

진위형

1.(X)(모압 여인 룻이 그의 증조모) 2.(O) 3.(O)

9 구약편 사무엘상·하

Samuel Ⅰ·Ⅱ

선택형

1. 사무엘, 사울 왕, 다윗 왕의 활동들을 집중적으로 다루고 있는 책은 무엇인가?
   (1) 사사기 (2) 사무엘서 (3) 열왕기서 (4) 역대기

2. 한나가 기도하던 때에 실로에 있던 성소의 제사장은 누구인가? (삼상 1:9)
   (1) 홉니 (2) 비느하스 (3) 엘리 (4) 아히멜렉

3. 가드 출신으로 신장이 육 규빗이었고, 그의 갑옷의 무게는 놋 오천 세겔이었던 장수로서 다윗의 물맷돌에 죽게 된 자는 누구인가? (삼상 17:4)
   (1) 사울 (2) 아각 (3) 골리앗 (4) 시스라

4. 사울 왕의 아들이자 다윗의 친구로서 다윗을 자기 생명같이 사랑한 사람은 누구인가? (삼상18:1)
   (1) 미갈 (2) 이스보셋 (3) 요압 (4) 요나단

5. 사울 왕은 신접한 여인에게 죽은 누구를 불러달라고 했는가? (삼상 28:11)
   (1) 모세 (2) 엘리야 (3) 아브라함 (4) 사무엘

6. 사울 왕과 아들들이 죽었다는 소식을 가져온 아말렉인 청년에게 다윗은 어떻게 대했는가? (삼하1:14-15)

(1) 포상을 함 (2) 군대 장관으로 삼음

(3) 딸을 아내로 줌 (4) 죽임

7. 여호와의 궤가 다윗 성으로 들어올 때 그가 여호와 앞에서 뛰놀며 춤추는 것을 보고 비난했던 사울의 딸 미갈은 어떤 신세가 되었는가? (삼하6:23)

(1) 즉시 죽음 (2) 이혼하게 됨

(3) 죽는 날까지 자식이 없음 (4) 전염병에 걸림

8. 다윗 왕이 우리아의 아내 밧세바를 빼앗은 후에 하나님께서 다윗에게 주신 말씀은 무엇인가? (삼하12:10)

(1) 왕권을 빼앗김 (2) 후손이 끊김

(3) 아내가 병듦 (4) 칼이 집에서 영원토록 떠나지 않음

완성형

1. 사무엘 선지자의 어머니는 (　　　)이다(삼상1:20).

2. "순종이 제사보다 낫고 듣는 것이 숫양의 기름보다 나으니"라는 말은 하나님이 사무엘을 통해서 (　　　)에게 한 말이다(삼상15:22).

3. 그의 용모와 키를 보지 말라 내가 이미 그를 버렸노라 내가 보는 것은 사람과 같지 아니하니 사람은 외모를 보거니와 나 여호와는 (　　　)을 보느니라 하시더라(삼상16:7).

4. 사울이 죽인 자는 천천이요 (   )은 만만이로다(삼상18:7).

5. 다윗이 블레셋 사람 이백 명을 죽이고 난 후 아내로 취하게 된 사울 왕의 딸은 (   )이다(삼상18:27).

6. 나발의 아내로서 총명하고 용모가 아름다운 여인이었으며 나중에 다윗의 아내가 된 여인의 이름은 (   )이다(삼상25장).

7. 하나님의 궤가 나곤의 타작 마당에 이르렀을 때 소가 뛰자 하나님의 궤를 붙잡았다가 죽게 된 자는 (   )이다(삼하6:6-8).

8. 요나단의 아들로서 다윗에게 은총을 받아 할아버지 사울의 밭을 다 돌려받고 항상 다윗의 상에서 떡을 먹을 것을 약속받은 자는 (   )이다(삼하9:7).

9. 우리아의 아내로서 다윗 왕과 동침한 여인은 (   )이다(삼하11장).

단답형

1. 엘가나의 아내들 중에 한나가 자식이 없자 그녀를 심히 격분시키고 괴롭게 하였던 또 다른 아내의 이름은 무엇인가? (삼상1:6) (   )

2. 하나님이 이스라엘의 왕으로 삼으려고 사무엘을 통해 불렀을 때 "나는 이스라엘 지파의 가장 작은 지파 베냐민 사람이 아니니이까 또 나의 가족은 베냐민 지파 모든 가족 중에 가장 미약하지 아니하니이까 당신이 어찌하여 내게 이같이 말씀하시니이까"라고 반응했던 자는 누구인가? (삼상9:21) (   )

3. 사무엘이 왕으로 기름을 붓고 난 다음에 하나님의 산에서 선지자들과 함께 예언을 하게 된 자는 누구인가? (삼상10:10) (　　　)

4. "거역하는 것은 점치는 죄와 같고 완고한 것은 사신 우상에게 절하는 죄와 같음이라 왕이 여호와의 말씀을 버렸으므로 여호와께서도 왕을 버려 왕이 되지 못하게 하셨나이다"라는 말은 사무엘이 누구에 한 말인가? (삼상15:23) (　　　)

5. "너는 칼과 창과 단창으로 내게 나아 오거니와 나는 만군의 여호와의 이름 곧 네가 모욕하는 이스라엘 군대의 하나님의 이름으로 네게 나아가노라"라고 외친 자는 누구인가? (삼상17:45) (　　　)

6. "내 형 요나단이여 내가 그대를 애통함은 그대는 내게 심히 아름다움이라 그대가 나를 사랑함이 기이하여 여인의 사랑보다 더하였도다"라고 말한 자는 누구인가? (삼하1:26) (　　　)

7. "나는 백향목 궁에 살거늘 하나님의 궤는 휘장 가운데에 있도다"라고 말하며 여호와를 위해 성전을 지으려는 열망을 보인 자는 누구인가? (삼하7:2) (　　　)

진위형(O,X)

1. 자식이 없는 한나가 실로의 성소에서 기도할 때 그녀가 취한 줄로 생각하고 꾸짖었던 자는 엘리야이다(삼상1:14). (O , X)

2. 사울 왕은 엘리 제사장으로부터 이스라엘의 초대 왕으로 기름부음을 받았다(삼상10:1). (O , X)

3. 이스라엘의 사사요 선지자로서 벧엘, 길갈, 미스바 등 여러 곳을 순회하며 다스린 자는 사무엘이다(삼상7:15-17). (O , X)

4. 환난 당한 모든 자와 빚진 모든 자와 마음이 원통한 자와 아둘람 굴에 함께 모여 사백명 가량의 우두머리가 된 자는 다니엘이다(삼상22:1-2). (O , X)

5. 우리아의 아내였던 밧세바가 다윗 왕과 동침하여 아기를 낳게 되었는데 그가 커서 솔로몬 왕이 되었다(삼하12:18). (O , X)

정 답

선택형

1.(2) 2.(3) 3.(3) 4.(4) 5.(4) 6.(4) 7.(3) 8.(4)

완성형

1.한나 2.사울 3.중심 4.다윗 5.미갈 6.아비가일 7.웃사 8.므비보셋 9.밧세바

단답형

1.브닌나 2.사울 3.사울 4.사울 5.다윗 6.다윗 7.다윗

진위형

1.(X) 2.(X) 3.(O) 4.(X) 5.(X)

10 구약편 열왕기상·하

Kings Ⅰ·Ⅱ

선택형

1. 다윗 왕의 대를 이어 솔로몬이 왕이 되는데 도운 자가 아닌 자는 누구인가? (왕상1:7)

   (1) 사독 (2) 아비아달 (3) 밧세바 (4) 레이

2. 솔로몬은 왕으로 통치하기 시작할 때에 기브온 산당에서 어떤 제사를 드렸는가? (왕상3:4)

   (1) 일만 번제 (2) 일백 번제 (3) 일천 번제 (4) 오천 번제

3. 솔로몬의 성전 봉헌식에 관련이 없는 사항은 무엇인가? (왕상8:63)

   (1) 소 이만 이천 마리 (2) 양 십이만 마리
   (3) 감사제물의 기름 (4) 낙타 천 마리

4. 여로보암이 북 왕국 이스라엘의 왕이 되고난 후에 금송아지를 둔 성소들을 만든 두 도시는 어디인가? (왕상12:29)

   (1) 세겜, 단 (2) 벧엘, 단 (3) 여리고, 단 (4) 길갈, 세겜

5. 나봇의 포도원 사건과 관련이 없는 자는 누구인가? (왕상21장)

   (1) 엘리사 (2) 아합 (3) 이세벨 (4) 엘리야

6. 엘리야의 승천, 엘리사의 기적, 북 왕국의 멸망, 요시야의 개혁 등을 기록하고 있는 책은 무엇인가?
   (1) 열왕기상 (2) 열왕기하 (3) 역대기상 (4) 역대기하

완성형

1. 솔로몬이 성전을 건축한 기간은 칠년이요 자신의 왕궁을 건축할 때 걸린 기간은 ( ) 년이다(왕상7:1).

2. 엘리야가 바알 선지자 450명과 아세라 선지자 400명과 맞싸운 산은 ( )이다(왕상18:20).

3. 엘리사의 도움으로 나병으로부터 낫게 된 아람의 군대 장관은 ( ) 이다(왕하5:1).

4. 이스라엘의 악한 왕후로서 그 시체를 개들이 먹고 두골과 발과 손만 남은 자는 ( )이다(왕하9:30-37).

단답형

1. "하나님이 참으로 땅에 거하시리이까 하늘과 하늘들의 하늘이라도 주를 용납하지 못하겠거든 하물며 내가 건축한 이 성전이오리이까"라고 말한 자는 누구인가? (왕상8:27) ( )

2. 오므리 왕의 아들이고 이세벨을 아내로 두었으며, 그의 이전의 모든 왕보다 여호와 보시기에 악을 더욱 행했다고 평가를 받은 이스라엘의

왕은 누구인가? (왕상16:30) (   )

3. 이세벨이 죽이려 하자 엘리야는 어떤 나무 아래에서 죽기를 간구했는가? (왕상19:4) (   )

4. 이세벨의 간교에 의해 돌에 맞아 죽고 이스르엘에 있는 자기의 포도원을 아합 왕에게 빼앗긴 자는 누구인가? (왕상21) (   )

5. 하나님께서는 호렙 산을 찾은 엘리야에게 다시 소명을 주시면서 이스라엘 가운데 바알에게 무릎을 꿇지 않고 바알에게 입맞추지 아니한 자 몇 명을 남겨주셨다고 약속했는가? (왕상19:18) (   )

6. 선지자 중에서 엘리야의 성령이 하시는 역사가 자기에게 갑절이나 임하게 해달라고 간구한 자는 누구인가? (왕하2:9) (   )

7. 유다의 왕으로서 여호와께서 보시기에 정직하게 행하여 여러 산당들을 제거하며 주상을 깨뜨리며 아세라 목상을 찍으며 모세가 만들었던 놋뱀을 부수었던 자는 누구인가? (왕하18:4) (   )

8. 성전을 수리하다가 율법책을 발견하게 된 때의 유다 왕은 누구인가? (왕하22장) (   )

진위형(O,X)

1. 예루살렘에서 은을 돌 같이 흔하게 하고 백향목을 평지의 뽕나무 같이 많게 한 왕은 다윗 왕이다(왕상10:27). (O , X)

2. 솔로몬의 왕위를 이어받아 남쪽 유다의 왕이 된 자는 여로보암이다(왕상11:43). (O , X)

3. 시돈 왕 엣바알의 딸이요 아합 왕의 아내로서 이스라엘에 바알과 아세라 우상을 퍼뜨린 자는 이세벨이다(왕상16:31-33). (O , X)

4. 수넴 여인은 가뭄이 든 때에 얼마 남지 않은 재료들로 엘리야에게 작은 떡 하나를 제공하였다가 통에 가루가 떨어지지 아니하고 병의 기름이 없어지지 않는 약속을 받고, 죽은 아들이 살아나는 기적을 체험하게 되었다(왕상17:8-24). (O , X)

5. 불수레와 불말을 타고 승천한 자는 엘리사이다(왕하2:11). (O , X)

6. 나병으로부터 낫게 된 나아만이 은 두 달란트와 옷 두 벌을 주자 그것을 감추어 두었다가 엘리사에게 저주를 받아 나병이 들게 된 엘리사의 종은 게하시이다(왕하5:27). (O , X)

정 답

선택형

1.(2) 2.(3) 3.(4) 4.(2) 5.(1) 6.(2)

완성형

1.13 2.갈멜 3.나아만 4.이세벨

단답형

1.솔로몬 2.아합 3.로뎀 4.나봇 5.칠천 6.엘리사 7.히스기야 8.요시야

진위형

1.(X) 2.(X) 3.(O) 4.(X) 5.(X) 6.(O)

11 구약편 역대기상·하

Chronicles I·II

선택형

1. 여대기에 대한 설명으로 옳지 않은 것은 무엇인가?
   (1) 아담으로부터 시작한다
   (2) 포로가 된 이스라엘과 유다인들이 돌아가는 것을 허락한 고레스의 칙령으로 끝난다
   (3) 사무엘서와 열왕기서에 나와 있는 왕들의 시대가 다시 한 번 다루어진다
   (4) 사무엘서와 열왕기서에 나와 있는 기록들에 전혀 변화를 주지 않고 같은 기록을 담고 있다

2. 솔로몬에 대한 설명으로 옳지 않은 것은 무엇인가?
   (1) 역대기에는 그의 어머니 밧세바와 아버지 다윗 간에 있었던 불륜사건이 잘 기록되어있다
   (2) 그는 하나님께 지혜를 구하여서 크게 칭찬을 받는다
   (3) 하나님께 성전을 처음 봉헌하는 왕이었다
   (4) 스바 여왕이 그의 명성을 듣고 찾아온다

3. 히스기야 왕의 때에 일어난 일들로서 옳지 않은 것은 무엇인가? (대하 29-32장)

(1) 앗수르 인들의 침입을 받았다

(2) 앗수르의 산헤립이 침공하였으나 예루살렘은 무너지지 않았다

(3) 선한 왕이었으나 산당들은 부수지 못하였다

(4) 성전 의식과 규례를 새롭게 하였다

4. 제의적 개혁을 일으켰던 히스기야의 아들 므낫세에 대한 설명으로 옳은 것은 무엇인가?

(1) 아버지와는 달리 허문 산당들을 다시 세웠다

(2) 점술과 신접하는 자를 극히 혐오하였다

(3) 포로가 되어 이집트에 끌려 갔다

(4) 포로로 끌려가 비참하게 죽는다

5. 역대기서가 강조하고 있지 않는 것은 무엇인가?

(1) 성전 (2) 제사장직

(3) 유다의 신정적인 다윗 왕조 (4) 희년제도

6. '다윗성' (대상11:4-5) 에 대한 설명으로 옳지 않는 것은 무엇인가?

(1) 시온산 성이라고도 불렸다

(2) 예루살렘에 있다

(3) 그곳에는 여부스 원주민들이 살았었다

(4) 다윗이 오자 여부스인들이 환영하며 성을 넘겼다

7. 하나님이 다윗으로 하여금 성전을 짓게 하지 못하게 하신 이유로서 맞지 않는 것은 무엇인가? (대상22:8)

(1) 피를 많이 흘리게 하였음으로

(2) 크게 전쟁을 하였었기 때문에

(3) 밧세바와의 부정한 관계 때문에

8. 밤에 여호와께서 솔로몬에게 나타나셔서 하신 말씀이다. “혹 내가 하늘을 닫고 비를 내리지 아니하거나 혹 메뚜기들에게 토산을 먹게 하거나 혹 전염병이 내 백성 가운데에 유행하게 할 때에”이 다음에 오는 구절은 어떤 것인가? (대하7:13)

(1) 내 이름으로 일컫는 내 백성이 그들의 악한 길에서 떠나 스스로 낮추고 기도하여 내 얼굴을 찾으면 내가 하늘에서 듣고 그들의 죄를 사하고 그들의 땅을 고칠지라

(2) 내가 너희에게 준 땅에서 그 뿌리를 뽑아내고 내 이름을 위하여 거룩하게 한 이 성전을 내 앞에서 버려 모든 민족 중에 속담거리와 이야깃거리가 되게 하리니

9. 역대하 5장에서, 성전에 언약궤가 모셔질 때 하나님께 찬송하던 상황으로 맞지 않는 것은 무엇인가? (대하5:13-14)

(1) ‘선하시도다 그의 자비하심이 영원히 있도다’ 라고 찬양하였다

(2) 악기 연주는 절대 금하고 목소리로만 찬양하였다

(3) 여호와의 전에 구름이 가득하였다

(4) 제사장이 그 구름 때문에 제대로 서서 섬기지 못하였다

10. 아마샤는 왕이 된 후 자신의 아버지를 죽인 신복들을 죽였지만 그 자식들은 죽이지 않았다. 그 이유는 무엇인가? (대하25:4)

(1) 모세 율법책에 ‘자녀로 말미암아 아버지를 죽이지 말 것이요 아버지로 말미암아 자녀를 죽이지 말 것이라 오직 각 사람은 자기의 죄로 말미암아 죽을 것이니라’ 라는 기록을 따랐기 때문

(2) 모세 십계명에 ‘살인하지 말라’ 라는 말씀을 따랐기 때문

(3) ‘이웃을 사랑하라’ 는 율법책의 말씀을 따랐기 때문

(4) ‘아버지가 신 포도를 먹었으므로 아들들의 이가 시다 하지 아니하겠고’ 라는 예언자의 말씀을 따랐기 때문

완성형

1. 역대기는 사무엘서와 (　　　)서와 평행되는 왕들 중심의 이야기들이 많이 담겨져 있다.

2. 역대상 13장부터 16장에는 다윗이 점령한 예루살렘으로 하나님의 (　　　)를 들여오는 기념비적인 사건을 다루고 있다.

3. 여호사밧 왕 때에 모압이 유다를 쳐들어오자 야하시엘이 한 말이다. 괄호 안을 채우시오. "너희는 이 큰 무리로 말미암아 두려워하거나 놀라지 말라 이 (　　　)은 너희에게 속한 것이 아니요 (　　　)께 속한 것이니라"(대하20:15).

단답형

1. 역대상 11장에서 왕이 된 다윗은 먼저 여부스인들의 땅을 차지하는 공헌을 세운다. 유명한 이 곳 지명은 무엇인가?

2. 솔로몬이 성전을 건축한 후 이것을 성전 안에 들여오자 성전이 하나님의 영광으로 가득 찼다. 이것은 무엇인가? (대하5) (　　　)

3. 율법책을 발견 한 후 크게 종교적 개혁을 일으켰던 왕은 누구인가? (　　　)

4. 유다의 가장 악한 왕으로 알려져 있으며 온 나라에 우상과 제단을 세우나, 앗수르에 의해 포로로 잡혀간 뒤 회개하고 다시 돌아오게 된 왕은 누구인가? (　　　)

진위형(O,X)

1. 다윗은 역대상 21-22장에서 인구조사를 하였다가 하나님으로부터 벌을 받는다. 그런데 다윗이 인구조사를 하도록 격동한 것은 바로 하나님이셨다. (O , X)

2. 성전 안에 하나님의 언약궤가 들어왔을 때 그리고 솔로몬이 성전 봉헌 기도를 마쳤을 때 하나님의 영광이 성전 안에 가득하게 되었다. (O , X)

정 답

선택형

1.(4)(두 책의 내용들이 새롭게 배열되고 해석되어 나온다) 2.(1)(역대기에는 없고 삼하11-12에만 나온다; 대하1장, 5장, 9장 참조) 3.(3)(그의 큰 업적 중 하나는 산당을 부순 것이다) 4.(1)(대하33; 점술과 신접하는 행위를 신임하였고, 포로가 되어 바벨론으로 갔으며, 회개하여 다시 풀려나게 된다) 5.(4) 6.(4) 7.(3) 8.(1) 9.(2) 10.(1)

완성형

1.열왕기 2.(언약)궤 3.전쟁, 하나님

단답형

1.예루살렘 2.(언약)궤 3.요시야 4.므낫세

진위형

1.(X)(대상 21:1; 사단이 격동시킨다. 같은 기록인 삼하 24:1 에는 하나님이 격동시킨 것으로 나온다) 2.(O)(대하5:13-14; 7:1-3)

12 구약편 에스라

Ezra

선택형

1. 에스라서의 내용으로 옳지 않은 것은 무엇인가?
   (1) 유다 총독 세스바살이 성전 보물을 가지고 귀환한다
   (2) 고향으로 돌아 온 자들의 명단이 나온다
   (3) 성전 건축에 사마리아 사람들도 참여한다
   (4) 제단을 복구하고 첫 번째 제사를 드린다

2. 에스라에 대한 설명으로 옳지 않은 것은 무엇인가?
   (1) 아닥사스 왕의 특별 전권을 가지고 예루살렘으로 오다
   (2) 율법을 위임 받은 자이다
   (3) 이방인과의 혼합 결혼에 탄식한다
   (4) 사자 굴에 들어갔으나 하나님의 도움으로 살아나온다

3. 바사(페르시아)왕 고레스가 포로된 이스라엘 백성의 귀환을 허락하였다. 이스라엘은 어디/누구에게 포로 잡혀 있었는가?
   (1) 이집트 (2) 바벨론 (3) 헬라제국 (4) 블레셋

4. 에스라서의 주요 주제로서 어울리지 않는 것은 무엇인가?
   (1) 바사 왕국의 압제에 저항

(2) 예루살렘 성전의 회복

(3) 이스라엘 귀환 공동체의 영적, 도덕적, 사회적 회복

5. 바벨론 망명 생활에서 돌아와 이스라엘 백성이 처음으로 드린 절기는 무엇인가? (스3:4)

(1) 초막절 (2) 유월절 (3) 무교절 (4) 칠칠절

완성형

1. 에스라 1:3에서 바사의 고레스는 다음과 같이 선포한다. 괄호 안에 맞는 말은 무엇인가? "이스라엘의 하나님은 참 신이시라 너희 중에 그의 백성 된 자는 다 유다 (   )으로 올라가서 이스라엘의 하나님 여호와의 성전을 건축하라 그는 (   )에 계신 하나님이시라"

2. 에스라가 여호와의 (   )을 연구하여 준행하며 율례와 규례를 이스라엘에게 가르치기로 결심하였었더라(스7:10).

3. 바사 왕 고레스 원년에 여호와께서 (   )의 입을 통하여 하신 말씀을 이루게 하시려고 바사 왕 고레스의 마음을 감동시키시매 그가 온 나라에 공포도 하고 조서도 내려 이르되(스1:1)

단답형

1. 포로로 잡혀간 이스라엘 백성이 다시 귀환하여 성전을 지을 수 있도록 허락한 왕은 누구인가? (   )

2. 에스라 6장에 성전 봉헌을 하고 치른 유대교 절기 행사는 무엇인가? (　　　)

진위형(O,X)

1. 에스라서는 바벨론 유배 기간 동안의 일들을 기록한 것이고 느헤미야서는 유배 이후의 일들을 기록한 것이다. (O , X)

2. 이사야는 이방인들도 하나님의 성회에 들어올 수 있으며 그래서 하나님의 집은 "만민이 기도하는 집"이라고 말하고 있다. 마찬가지로 에스라도 이방인들을 적극 수용하려 하였다. (O , X)

3. 사마리아 사람들이 바사 왕에게 예루살렘과 유다 주민에 대한 부정적 서신을 보낸 이유는 그들이 성전을 혐오하기 때문이다(스4:1-10). (O , X)

4. 기독교 정경 속에 에스라서는 역대하 다음에 이어지는데, 두 책은 내용상 볼 때에 시간적으로 잘 이어진다. (O , X)

정 답

선택형

1.(3)(스룹바벨은 사마리아인들의 도움을 거절한다; 스1:5-11; 2:1-35; 3:1-6; 4:1-5) 2.(4)(4번은 다니엘; 스7:1-26; 9:1-15) 3.(2)(바사 왕국이 바벨론을 압제하여.이스라엘의 귀환을 허락한다) 4.(1) 5.(1)

완성형

1.예루살렘 2.율법 3.예레미야

단답형

1.고레스 2.유월절

진위형

1.(X)(둘 다 유배 이후의 일들을 기록하고 있다) 2.(X)(에스라는 이방인들에게 배타적이였다. 반면 사56장을 보라) 3.(X)(성전 건축에 참여할려다가 거부당했기 때문) 4.(O)(역대하는 이스라엘의 예루살렘 귀환을 허락한 고레스의 칙령이 마지막에 나오고, 에스라서는 귀환과 그 이후의 사건들이 나온다)

13 구약편 느헤미야

Nehemiah

선택형

1. 다음 중 에스라서와 느헤미야서의 공통점이 아닌 것은 무엇인가?
   (1) 성전 재건을 중요시 한다
   (2) 이방인 척결을 중요시 한다
   (3) 바벨론 포로기 이후의 사건을 다루고 있다
   (4) 제사나 절기, 희생제물보다 공의와 정의, 진정한 심령을 칭송한다

2. 느헤미야의 개혁 내용이 아닌 것은 무엇인가? (느13)
   (1) 이방인들을 공동체에서 분리
   (2) 십일조 폐기
   (3) 레위인들의 수입 회복
   (4) 안식일에 판매 금지

3. 느헤미야에 대한 설명으로 옳지 않은 것은 무엇인가? (느2:1-10)
   (1) 성경에 따르면 에스라와 동시대 인물이다
   (2) 바사 왕궁에서 왕에게 술 따르는 일을 하였다
   (3) 이스라엘 포로들의 세 번째 예루살렘 귀환을 주도 하였다
   (4) 예루살렘에 대한 열정 때문에, 바사왕의 허락도 없이 귀환한다

4. 고레스 칙령 이 후 이스라엘 백성에게 생긴 변화가 아닌 것은 무엇인가?

(1) 성전 재건 (2) 이스라엘 왕권 재립

(3) 예루살렘 복구 (4) 언약의 갱신

완성형

1. 느헤미야 8장에 기록된 초막절 행사를 지내는 장면이다. 괄호 안에 맞는 말을 적어라. (느8:7-9) "예수아와 바니와 세레뱌와 야민과 악굽과 사브대와 호디야와 마아세야와 그리다와 아사랴와 요사밧과 하난과 블라야와 레위 사람들은 백성이 제자리에 서 있는 동안 그들에게 (　　)을 깨닫게 하였는데, 하나님의 (　　)책을 낭독하고 그 뜻을 해석하여 백성에게 그 낭독하는 것을 다 깨닫게 하니, 백성이 (　　)의 말씀을 듣고 다 우는지라 총독 느헤미야와 제사장 겸 학사 에스라와 백성을 가르치는 레위 사람들이 모든 백성에게 이르기를 오늘은 너희 하나님 여호와의 성일이니 슬퍼하지 말며 울지 말라 하고"

2. 성벽을 재건하고 초막절 행사를 하면서 느헤미야가 한 말이다. 괄호 안에 알맞은 말을 적어라. (느8:10)"느헤미야가 또 그들에게 이르기를 너희는 가서 살진 것을 먹고 단 것을 마시되 준비하지 못한 자에게는 나누어 주라 이 날은 우리 주의 성일이니 근심하지 말라 (　　)로 인하여 기뻐하는 것이 너희의 힘이니라 하고"

단답형

1. 느헤미야 8-10장에는 누가 갑자기 등장하여 율법 낭독을 하는가? (　　　)

2. 성서 기록에 따르면 그는 느헤미야와 동 시대 인물이며, 느헤미야에 앞서 두 번째 이스라엘 포로 귀환을 이끈 율법학자이고 제사장이다. 그는 누구인가? (　　　)

3. 느헤미야 때에 제사장이며 학자인 에스라는 백성들에게 무엇을 가르쳤는가? (느8:9) (　　　)

진위형(O,X)

1. 에스라서와 느헤미야서는 모두 이스라엘 귀환 사회가 진정한 하나님의 공동체가 되기 위해서는 성전이 재건되어야 한다고 강조한다. (O , X)

2. 느헤미야는 많은 음모에 시달렸다(느6장). (O , X)

3. 느헤미야가 예루살렘에 다녀 올 수 있도록 허락한 바사의 왕은 고레스이다(느2:6). (O , X)

4. 성전 재건을 방해하는 무리 때문에 느헤미야는 백성들이 일할 때에도 한 손에는 병기를 잡게 하였다(느4:13-23). (O , X)

5. 느헤미야를 해하려는 대에 동조하였던 사람들 중에는 예언자들도 있었다(느6:10-14). (O , X)

6. 방해 세력 때문에 성벽 재건은 오십이 년 만에 마쳤다(느6:15). (O , X)

정 답

선택형

1.(4)(4번은 주로 포로기나 그 이전 예언자들이 강조하던 것이다; 예, 아모스, 예레미야) 2.(2) 3.(4) 4.(2)

완성형

1.율법 2.여호와

단답형

1.에스라 2.에스라(느8:1-9; 12:36; 스7:1-15) 3.율법

진위형

1.(O) (성전 재건은 두 책의 주요 주제이다) 2.(O) 3.(X)(아닥사스다) 4.(O) 5.(O) 6.(X)(오십이 일)

14 구약편 에스더

Esther

선택형

1. 에스더서는 어느 시대를 배경으로 쓰여진 성서인가?
   (1) 바벨론 (2)앗수르 (3) 바사와 메대 (4) 헬라

2. 다음 중 에스더서의 등장인물이 아닌 사람은 누구인가?
   (1) 하만 (2) 모르드개 (3) 에스더 (4) 느헤미야

3. 에스더서 당시의 바사 왕은 누구인가?
   (1) 고레스 (2) 다리오 (3) 캄비세스 (4) 아하수에로

4. 에스더서에서 유대민족을 말살하려는 음모를 꾸민 사람은 누구인가?
   (1) 하몰 (2) 하만 (3) 빅다 (4) 와스디

5. 에스더와 모르드개의 활약으로 지키게 된 유대인 절기는 무엇인가?
   (1) 부림절 (2) 유월절 (3) 무교절 (4) 초막절

완성형

1. 에스더 직전의 바사 왕후는 (　　　)이다.

2. 모르드개는 바벨론 왕 느부갓네살 당시에 예루살렘에서 사로잡혀 왔던 유다 왕(　　　)와 함께 사로잡혀 온 사람이다.

3. "죽으면 죽으리다"고 말한 사람은 (　　　)이다.

4. 에스더와 함께 바사 나라 유다민족을 구원하는 공을 세운 사람은 (　　　)이다.

단답형

1. 유다민족을 말살하려는 계획을 품었다가 결국 나무에 매달려 죽은 바사시대의 고관은? (　　　)

2. 에스더의 바사 시대 이름은 무엇인가? (　　　)

진위형(O,X)

1. 에스더서는 바벨론 시대를 배경으로 기록된 성서이다. (O , X)

2. 에스더와 함께 유대민족을 구한 사람은 모르드개이다. (O , X)

3. 바사 시대에 유대민족을 말살하려는 계획을 품은 사람은 하몰이다. (O , X)

4. 부림절은 아달월 14일과 15일에 지킨다. (O , X)

5. 에스더는 왕후 와스디를 대신하여 왕후가 되었다. (O , X)

정 답

선택형

1.(3) 2.(4) 3.(4) 4.(2) 5.(1)

완성형

1.와스디 2.여고냐 3.에스더 4.모르드개

단답형

1.하만 2.하닷사

진위형

1.(X) 2.(O) 3.(X) 4.(O) 5.(O)

15 구약편 욥 기

Job

선택형

1. 욥의 친구들 중 마지막에 단 한번만 등장하는 이는 누구인가?
   (1) 엘리후 (2) 엘리바스 (3) 빌닷 (4) 소발

2. 욥이 하나님을 만나자 하나님께 순종한다. 그 이유는 무엇인가? (욥 42:5-6)
   (1) 하나님이 욥이 왜 고난을 받는지 논리적으로 잘 설명하여 주셔서
   (2) 이전엔 하나님을 듣기만 하다가 이제는 눈으로 보게 되어

3. 욥이 재앙을 받게 되는 실질적인 근원은 다음 중 무엇이 가장 가까운가?
   (1) 1-2장에 나타난 하나님과 사탄과의 내기 (2) 욥의 지나친 신앙심
   (3) 욥 자식들의 죄악 (4) 사탄의 거짓 보고

4. 욥은 자신이 왜 고난을 받게 되었는지 알고 싶어 하였다. 이에 대한 하나님의 반응은 무엇인가?
   (1) 소상히 그 이유를 가르쳐 주셨다
   (2) 사탄을 크게 꾸짖었다
   (3) 1-2장에 나온 사탄과의 내기 때문에 시험하였다고 솔직히 밝히신다
   (4) 그 이유는 밝히지 않으시고, 자신의 창조주로서의 권위와 위엄을 드러내신다

5. 욥은 자신이 왜 고난을 받게 되었는지 그 실질적 이유는 결국 듣지 못하게 된다. 그럼에 도 불구하고 하나님께 순종한 이유는 무엇인가? (욥42:5-6)

(1) 자신의 신앙적 문제에 대한 논리적 이해를 하였기 때문

(2) 하나님을 듣기만 하였다가 이제 보았기 때문

(3) 사탄의 계략에 더 이상 끌려가기 싫어서

(4) 아내의 설득으로

6. 욥이 받은 고난에 대한 알맞은 설명은 무엇인가? (욥1-2장)

(1) 욥의 죄 때문에 생긴 벌이었다

(2) 욥으로서는 이해할 수 없는 근거 없는 고난이었다

7. 욥기에 대한 설명으로 옳지 않은 것은 무엇인가?

(1) 욥은 이유를 알 수 없는 고난을 당하게 된다

(2) 욥은 끝까지 하나님께 불평하지 않는다

(3) 욥은 자신의 고난 때문에 격렬히 항변하고 하나님을 고발한다

(4) 욥은 마지막에 하나님에 의해 고난에서 회복된다

8. 욥의 세 친구인 엘리바스, 빌닷, 소발은 고난을 당하는 욥에게 어떻게 대하였는가?

(1) 욥에게 고난의 근원에 대한 신학적 설명을 하였다

(2) 욥의 고통에 동참하고 욥과 함께 하나님을 고발하였다

(3) 욥을 그냥 내버려 두었다

(4) 욥을 하나님에게로 인도하였다

9. 욥의 세 친구들에게 대한 하나님의 태도가 아닌 것은 무엇인가? (욥 42:7-10)

(1) 노하셨다

(2) 옳지 않다고 하셨다

(3) 그들의 해박한 신학적 지식을 칭찬하였다

(4) 친구들을 위한 욥의 중재를 받아들으셨다

10. 욥을 칭찬하던 하나님께 사탄이 던진 의구의 내용이 아닌 것은 무엇인가?

(1) 욥은 그냥 하나님을 경외하는 것이 아니라 다 이유가 있기 때문이다

(2) 그의 소유와 건강을 풍요롭게 돌보기 때문에 욥은 하나님을 경외한다

(3) 그의 재물과 건강을 가져가 버리면 욥은 하나님을 욕할 것이다

(4) 욥을 더 부자로 만들면 분명 하나님을 저버릴 것이다

11. 사탄은 욥기 1-2장에만 등장하고 다시는 나오지 않는다. 사탄에 대한 설명으로 옳은 것은 무엇인가?

(1) 욥을 심하게 미워하였다

(2) 사탄의 말대로 욥에게서 재물과 건강을 빼앗자 욥은 크게 항거한다

(3) 자기 마음대로 욥을 시험하였다

(4) 하나님을 심하게 싫어하였다

12. 욥의 친구들이 욥에게 한 충고로 옳지 않은 것은 무엇인가?

(1) 하나님은 불의한 자들만 벌하신다

(2) 하나님께 항한 불평은 어리석은 짓이다

(3) 사탄의 계략에 넘어가지 말아라

(4) 무죄를 주장하는 너 자신이 지금 죄를 범하고 있다

13. 친구들의 조언을 듣던 욥의 반응이 아닌 것은 무엇인가? (욥6, 9장)

(1) 차라리 죽음을 바란다

(2) 항변하러 하나님께 나아가고 싶지만 그 분은 너무 강하셔서 근접할 수 없다

(3) 그래도 나는 옳다

(4) 현명한 친구들의 말을 듣고 울며 회개한다

14. 욥에게 나타나신 하나님이 하신 말씀으로 맞지 않은 것은 무엇인가? (욥38-41장)

(1) 바닷물의 운행이나 날의 기원과 같은 창조에 관한 것을 욥이 아는지 물으신다

(2) 짐승들의 생태에 대하며 말씀하시며 그것을 욥이 그것을 아는지 짐승들을 그렇게 행하게 할 수 있는 지 물어보신다

(3) 악어나 하마 같은 바다의 괴수를 욥이 제압할 수 있는지 묻는다

(4) 처음에 있었던 사탄과의 논쟁을 말씀하시며 욥이 시험 받게 된 경위를 알려주신다

15. 마지막 장인 42장에 따르면, 결국 욥은 자신의 신앙적 문제 (무고한 고난)를 어떻게 해결 할 수 있었는가? (욥42:1-6)

(1) 신앙적 이해를 통하여 (2) 신앙적 체험을 통하여

16. 마지막에 욥이 하나님께 회개하고 순종한 후 그에게 일어난 일이 아닌 것은 무엇인가? (욥42:7-17)

(1) 다시 부자가 되었다

(2) 병들고 가난했지만 하나님께 끝까지 순종하며 살았다

(3) 다시 건강하게 살다가 기한이 차서 죽는다

(4) 모든 땅에서 제일 아름다운 세 딸을 얻는다

17. 욥기에 나타나 욥의 변화로 옳은 것은 무엇인가?

(1) 하나님을 신뢰-하나님을 불평-스스로 의롭다 생각-회개

(2) 하나님을 신뢰-하나님을 신뢰-하나님을 신뢰-회개

(3) 하나님을 신뢰-하나님을 불평-하나님을 불평-재앙을 맞음

(4) 하나님을 불평-하나님을 신뢰-하나님을 찬양-스스로 의롭다 생각

완성형

1. 다음은 욥의 유명한 고백이다. 괄호 안을 채우시오. "그러나 내가 가는 길을 그가 아시나니 그가 나를 (　　　)하신 후에는 내가 (　　　) 같이 되어 나오리라"(욥23:10).

단답형

1. 욥에게 조언하였던 친구들 중 가장 나이가 어리고, 처음에는 끼어들지 않다가 마지막에 혼자 조언하였던 친구는 누구인가?(욥32장) (　　　)

2. 다음은 누가 누구에게 한 말인가? "무지한 말로 이치를 가리는 자가 누구니이까 나는 깨닫지도 못한 일을 말하였고 스스로 알 수도 없고 헤아리기도 어려운 일을 말하였나이다"(욥42:3). (　　　)

진위형(O,X)

1. 하나님이 등장하시기 전까지 욥의 친구인 엘리바스, 빌닷, 소발은 욥과 대략 세 차례에 걸쳐 논쟁을 벌인다. (O , X)

2. 욥기 서두에 하나님의 허락으로 사탄이 욥에게 두 번 재앙이 내리도록 한다. 나중에 욥에게 하나님이 나타나신 것도 두 번이었다. (O , X)

3. 욥은 하나님을 만나기 전까지 자신의 무죄함을 항변하였다(욥31:1-34). (O , X)

4. 회오리바람 가운데에 나타나신 하나님을 만난 후 욥은 하나님으로부터 자신이 왜 고난 받는지에 대하여 소상히 듣고 깨닫고 회개하며 순종한다. (O , X)

5. 엘리후는 당시 전통적 입장에 따라 "(전능자는) 사람의 행위를 따라 갚으사 각각 그의 행위대로 받게 하시나니"라고 말하였는데, 욥기는 결론적으로 이러한 사상에 과감히 반기를 드는 책이다(욥34:11). (O , X)

정 답

선택형

1.(1)(나머지 친구들은 모두 세 번씩 등장한다) 2.(2) 3.(1) 4.(4) 5.(2) 6.(2) 7.(2) 8.(1) 9.(3) 10.(4)(욥1:9-12; 2:4-5) 11.(2)(욥16장 21:7 이하; 24장; 사탄이 욥이나 하나님을 미워한 내용은 없으며, 자기 마음대로가 아니라 하나님께 꼭 허락을 맡고 욥을 친다.욥은 사탄의 말대로 하나님을 향하여 강력히 항변하며 하나님을 광포하고 정의롭지 못한 분으로 묘사한다) 12.(3)(1-14장의 첫 번째 논쟁 참조; 사탄은 1-2장에만 언급된다) 13.(4) 14.(4) 15.(2)(하나님을 통해 자신의 무고한 고난의 이유를 듣고 이해한 것이 아니라, 하나님을 '보았다'는 체험에 무릎을 꿇는다) 16.(2) 17.(1)

완성형

1.단련, 순금

단답형

1.엘리후 2.욥이 하나님에게

진위형

1.(O)(주의, 소발은 마지막 차례에선 나오지 않는다) 2.(O)(욥1-2; 38-41) 3.(O)(욥의 마지막 탄식) 4.(X)(하나님은 욥이 고난 받는 실질적 이유를 말씀하지 않으시며, 욥은 듣기만 하였던 하나님을 이제 '보았기' 때문에 순종한다) 5.(O)(욥기는 전통적인 신학 사상도 하나님의 절대 주권아래 파기될 수도 있음을 보여준다.즉 신학보다 하나님의 주권이 더 절대적임을 보여주는 책이다)

16 구약편 시 편

Psalms

선택형

1. 다음 중 구약성시의 시편 속에 발견되지 않는 종류의 시는 무엇인가?
   (1) 다윗의 시　(2) 고라의 시　(3) 이사야의 시　(4) 아삽의 시

2. 시편 1편에서 말하는 복 있는 사람이 아닌 것은 무엇인가?
   (1) 악인들의 꾀를 따르지 아니한다　(2) 시냇가에 심은 나무 같다
   (3) 율법을 주야로 묵상한다　(4) 찬양을 주야로 부른다

3. 시편 23편에서 목자이신 여호와가 하시는 일이 아닌 것은 무엇인가?
   (1) 쉴만한 물가로 인도하신다　(2) 내 영혼을 소생시키신다
   (3) 지팡이와 막대기로 안위하신다　(4) 원수를 내 앞에서 소멸시키신다

4. 시편 27편에서 기자가 여호와께 청하였던 것이 아닌 것은 무엇인가?
   (1) 평생에 여호와의 집에 살게　(2) 장수할 수 있도록
   (3) 여호와의 아름다움을 바라보게　(4) 그의 성전에서 사모하게

5. "우리가 바벨론의 여러 강변 거기에 앉아서 (　　)을/를 기억하며 울었도다" 괄호 안에 알맞은 말은 무엇인가? (시137:1)
   (1) 사마리아　(2) 시온　(3) 고기와 마늘　(4)부모

6. "하나님이 바다를 변하여 육지가 되게 하셨으므로 무리가 걸어서 강을 건너고 우리가 거기서 주로 말미암아 기뻐하였도다" 이 구절은 구약 성서 어느 사건을 떠올리게 하는가? (시66:6)

(1) 창조　(2) 출애굽　(3) 여리고성 함락　(4) 성전 봉헌

7. 다음 중 신약성서에 인용된 시편 구절은?

(1) 우리의 능력이 되시는 하나님을 향하여 기쁘게 노래하며 야곱의 하나님을 향하여 즐거이 소리칠지어다 (시81:1)

(2) 주여 신들 중에 주와 같은 자 없사오며 주의 행하심과 같은 일도 없나이다 (시86:8)

(3) 여호와께서 내 주에게 말씀하시기를 내가 네 원수들로 네 발판이 되게 하기까지 너는 내 오른쪽에 앉아 있으라 하셨도다 (시110:1)

(4) 할렐루야 그의 성소에서 하나님을 찬양하며 그의 권능의 궁창에서 그를 찬양할지어다 (시150:1)

8. 다음 중 시편에 대한 설명으로 옳지 않은 것은 무엇인가?

(1) 시편은 모두 150편으로 구성되어 있다

(2) 시편은 일종의 노래이다

(3) 시편은 포로기 전까지의 시만 보존되어있다

(4) 다윗의 시라는 시편들이 있다

9. "여호와여 주는 나의 방패시요 나의 영광이시요 (　　　) 자이시니이다" 괄호 안에 알맞은 말은 무엇인가? (시3:3)

(1) 나의 손을 붙드시는　(2) 나를 수렁에서 건져주시는

(3) 나의 머리를 드시는　(4) 나의 발을 드시는

10. "여호와여 일어나옵소서 하나님이여 손을 드옵소서 (   )을 잊지 마옵소서. 어찌하여 악인이 하나님을 멸시하여 그의 마음에 이르기를 주는 감찰하지 아니하리라 하나이까" 괄호 안에 알맞은 말은 무엇인가? (시10:12-13)

(1) 가난한 자들　　(2) 능력 있는 자들
(3) 재능 있는 자들　　(4) 준수한 자들

11. 시 24편에서 "여호와의 산에 오르며 그 거룩한 곳에 설자"로서 묘사되지 않은 사람은 누구인가?

(1) 손이 깨끗한 자　　(2) 천사보다 조금 못한 자
(3) 마음이 청결한 자　　(4) 뜻을 허탄한데 두지 아니하는 자

12. "또 여호와를 (   ) 그가 네 마음의 소원을 네게 이루어 주시리로다 네 길을 여호와께 (   ) 그를 의지하면 그가 이루시고, 네 의를 빛 같이 나타내시며 네 공의를 정오의 빛 같이 하시리로다" 괄호 안에 알맞은 말은 무엇인가? (시37:4-6)

(1) 기뻐하라, 맡기라　　(2) 즐거워하라, 던지라
(3) 감사하라, 보이라　　(4) 간구하라, 간구하라

완성형

1. 시편 1편의 복있는 사람에 대한 설명이다. 괄호 안에 알맞은 말은 무엇인가? "오직 여호와의 (   )을 즐거워하여 그의 (   )을 주야로 묵상하는도다"(시1:2).

2. 여호와는 나의 (   )시니 내게 부족함이 없으리로다. 그가 나를 푸른 풀밭에 누이시며 쉴 만한 물 가로 인도하시는도다(시23:1-2).

3. 여호와는 나의 빛이요 나의 구원이시니 내가 누구를 두려워하리요 여호와는 내 (　　　)이시니 내가 누구를 무서워하리요(시27:1).

4. (　　　)로 제사를 드리는 자가 나를 영화롭게 하나니 그의 (　　　)를 옳게 하는 자에게 내가 하나님의 구원을 보이리라(시50:23).

5. 시편의 맨 마지막 구절이다. 괄호 안에 알맞은 말은 무엇인가? (　　　)이 있는 자마다 여호와를 찬양할지어다 할렐루야(시150:6).

6. 이스라엘의 (　　　) 중에 계시는 주여 주는 거룩하시니이다(시22:3).

7. (　　　)으로 그의 문에 들어가며 (　　　)으로 그의 궁정에 들어가서 그에게 감사하며 그의 이름을 송축할지어다(시100:4)

단답형

1. "내 평생에 (a)하심과 (b)하심이 반드시 나를 따르리니 내가 여호와의 집에 영원히 살리로다"(시23:6). "여호와께 감사하라 그는 (a)하시며 그 (b)하심이 영원함이로다"(시107:1; 118:29). a와 b는 각각 무슨 말이 들어가야 하는가? (　　　)

진위형(O,X)

1. 구약성서에서 시는 시편에만 나타난다. (O , X)

2. "건축자가 버린 돌이 집 모퉁이의 머릿돌이 되었나니" 이 말은 신약성서가 시편에서 인용한 말이다. (O , X)

정 답

선택형

1.(3) 2.(4) 3.(4) 4.(2) 5.(2) 6.(2) 7.(3)(마22:44; 행2:34-35; 히1:13) 8.(3)(포로기와 그 이후의 배경을 지닌 시들도 있다) 9.(3) 10.(1) 11.(2) 12.(1)

완성형

1.율법 2.목자 3.생명의 능력 4.감사, 행위 5.호흡 6.찬송 7.감사함, 찬송함

단답형

1.선, 인자

진위형

1.(X) 2.(O)(시118:22; 마21:42; 막12:10; 눅20:17; 행4:11; 엡2:20; 벧전2:4, 7)

17 구약편 잠 언

Proverbs

선택형

1. 잠언에 언급되는 저자가 아닌 자는 누구인가?
   (1) 다윗　(2) 솔로몬
   (3) 아굴　(4) 르무엘 왕의 어머니

2. 여호와께서 미워하시는 것, 곧 그의 마음에 싫어하시는 것 예닐곱 가지에 속하지 않는 것은 무엇인가? (잠6:16-19)
   (1) 교만한 눈　(2) 거짓된 혀
   (3) 악한 계교를 꾀하는 마음　(4) 나태한 생각

3. "악인의 제사는 여호와께서 미워하셔도 정직한 자의 기도는 그가 기뻐하시느니라"라는 구절은 구약의 어느 책에 언급되는가? (잠15:8)
   (1) 사무엘상　(2) 시편　(3) 잠언　(4) 전도서

4. "다투는 여인과 함께 큰 집에서 사는 것보다 움막에서 사는 것이 나으니라"라는 구절은 구약의 어느 책에 기록되고 있는가? (잠21:9)
   (1) 전도서　(2) 잠언　(3) 아가　(4) 시편

5. 잠언에 의하면 무엇이 없을 때 백성이 방자히 행하게 되는가? (잠29:18)
   (1) 찬양　(2) 기도　(3) 겸손　(4) 묵시

6. 잠언 31장에 언급되는 현숙한 여인의 모습에 포함되지 않는 것은 무엇인가?
   (1) 부지런히 손으로 일하는 여인 (2) 곤고한 자에게 손을 펴는 여인
   (3) 여호와를 경외하는 여인 (4) 말을 조심하는 여인

완성형

1. 여호와를 ( )하는 것이 지식의 근본이거늘 미련한 자는 지혜와 훈계를 멸시하느니라(잠1:7).

2. 좀더 자자, 좀더 졸자, 손을 모으고 좀더 누워 있자 하면 네 ( )이 강도 같이 오며 네 곤핍이 군사 같이 이르리라(잠6:10-11).

3. ( )를 아끼는 자는 그의 자식을 미워함이라 자식을 사랑하는 자는 근실히 징계하느니라(잠13:24).

4. 악인의 제사는 여호와께서 미워하셔도 정직한 자의 ( )는 그가 기뻐하시느니라(잠15:8).

5. 마음의 ( )은 사람에게 있어도 말의 응답은 여호와께로부터 나오느니라(잠16:1).

단답형

1. 잠언에 보면 속이는 저울은 여호와께서 미워하시나 공평한 무엇을 그가 기뻐하시는가? (잠11:1) (　　　)

2. "사람이 마음으로 자기의 길을 계획할지라도 그의 걸음을 인도하시는 이는 여호와시니라"라는 구절은 구약의 어느 책에 기록되고 있는가? (잠16:9) (　　　)

진위형(O,X)

1. 잠언은 모든 지킬 만한 것 중에 더욱 '건강'을 지키라고 권유하는데 이는 생명의 근원이 이에서 나기 때문이다(잠4:23). (O , X)

2. 잠언에 의하면, 자주 노하는 자는 크게 명철하여도 마음이 조급한 자는 어리석음을 나타내게 된다(잠14:29). (O , X)

3. 제비는 사람이 뽑으나 모든 일을 작정하시는 분은 여호와시라고 전도서는 기록하고 있다(잠16:33). (O , X)

4. 잠언에 의하면, 형제는 사랑이 끊어지지 아니하고 친구는 위급한 때를 위하여 났다(잠17:17). (O , X)

정 답

선택형

1.(1) 2.(4) 3.(3) 4.(2) 5.(4) 6.(4)

완성형

1.경외 2.빈궁 3.매 4.기도 5.경영

단답형

1.추 2.잠언

진위형

1.(X) 2.(X) 3.(X) 4.(X)

18 구약편 전도서

Ecclesiastes

선택형

1. 전도서는 책 안의 글이 누구의 말씀이라고 밝히고 있는가?
   (1) 다윗 (2) 솔로몬 (3) 전도자 (4) 아굴

2. 전도서에 어울리지 않는 말은 무엇인가?
   (1) 허무 (2) 율법준수 (3) 즐겨라 (4) 지혜

3. 전도서의 내용으로 어울리지 않는 것은 무엇인가? (전1:2-11)
   (1) 해아래 새로운 것이 없다
   (2) 모든 것은 영원히 순환한다
   (3) 모든 것이 헛되고 바람을 잡는 것이다
   (4) 여호와 외에 다른 신들을 섬기지 말라

4. 다음은 전도서의 주요 사상중 하나를 드러내는 구절이다. 괄호 안에 공통으로 들어가는 말은? "지혜자도 우매자와 함께 영원하도록 기억함을 얻지 못하나니 후일에는 모두 다 잊어버린 지 오랜 것임이라 오호라 지혜자의 (   )이/가 우매자의 (   )과/와 일반이로다"(전 2:16).
   (1) 지혜 (2) 죽음 (3) 생명 (4) 허무

5. 전도자는 같은 말을 다섯 번 반복하며 그의 말을 시작한다. 그 말은 무엇인가? (전1:2)

(1) 슬프다 (2) 곤고하다 (3) 피곤하다 (4)헛되다

6. 다음 중 전도서의 주제가 아닌 것은?

(1) 율법을 경외하라 (2) 모든 것은 헛되다
(3) 인생은 헛되다 (4) 하나님을 경외하라

7. 전도서에서 말하는 하나님이 인간에게 주신 몫이 아닌 것은 무엇인가? (전5:18-19)

(1) 먹고 마시는 것 (2) 낙을 누리는 것
(3) 하나님의 언약의 백성이 되는 것 (4) 수고함으로 즐거워하는 것

8. "내가 보니 지혜가 우매보다 뛰어남이 (   )이/가 (   )보다 뛰어남 같도다" 괄호 안에 알맞은 말은 무엇인가? (전2:13)

(1) 여우, 사자 (2) 빛, 어둠 (3) 하늘, 땅 (4) 여재, 장수

9. "사람들이 사는 동안에 (   )보다 더 나은 것이 없는 줄을 내가 알았고" 괄호 안에 알맞은 말은 무엇인가? (전3:12)

(1) 기뻐하며 선을 행하는 것 (2) 울며 씨를 뿌리는 것
(3) 복음 들고 산을 넘는 것 (4) 기뻐하며 즐기는 것

10. 전도서 8장 15절에서 전도자가 희락을 찬양하는 이유는 무엇인가?

(1) 사람을 건강하게 만들기 때문에
(2) 사람을 장수하게 하기 때문에
(3) 먹고 마시고 즐거워하는 것보다 더 나은 것이 해아래 없기 때문에
(4) 먹고 마시고 즐거워하는 것이 하나님을 찬양하는 것이기 때문에

11. 전도서의 결말에 결국 사람의 본분은 무엇이라고 가르치는가? (전12:13)
    (1) 하나님을 경외하고 그의 명령을 지키는 것
    (2) 하나님을 찬양하고 기뻐하는 것
    (3) 해아래 즐거워하고 기뻐하는 것
    (4) 말씀을 사랑하고 계명을 지키는 것

완성형

1. (   )가 많으면 번뇌도 많으니 (   )을 더하는 자는 근심을 더하느니라(전1:18).

2. 다음 구절의 괄호 안을 채우고, 잘 기억하라! "(   )이/가 지혜자를 우매하게 하고 (   )이/가 사람의 명철을 망하게 하느니라"(전7:7).

단답형

1. 지혜자나 우매자에게 모두 일반인 것, 둘 모두에게 같은 운명인 것은 무엇인가? (전2:16) (   )

진위형(O,X)

1. 전도서는 슬픔이 웃음보다 더 낫다고 말한다(전7:3). (O , X)

2. 전도서에 따르면 지나치게 의인이 되거나 지나치게 지혜자가 되는 것

은 스스로 패망하는 길이다(전7:16). (O , X)

정 답

선택형

1.(3)(전1:1, 2, 12; 7:27; 12:8, 9, 10; 그 전도자를 솔로몬으로 추정하는 것이지 전도서는 그 저자를 절대 솔로몬으로 직접 언급하지 않는다) 2.(2) 3.(4) 4.(2) 5.(4) 6.(1) 7.(3) 8.(2) 9.(1) 10.(3) 11.(1)

완성형

1.지혜, 지식 2.탐욕, 뇌물

단답형

1.죽음

진위형

1.(O) 2.(O

19 구약편 아가

Song of Solomon

선택형

1. 다음 중 아가서와 어울리지 않는 단어는 무엇인가?
   (1) 사랑 (2) 솔로몬 (3) 아름다움 (4) 공의

2. 다음 중 아가서의 내용과 거리가 먼 것은 무엇인가?
   (1) 향기를 통해 사랑의 아름다움을 찬양
   (2) 잉태의 기쁨
   (3) 사랑하는 자를 백합화와 사과나무에 비교
   (4) 훌륭한 솔로몬의 가마와 같은 사랑하는 자

3. 아가서 8장 2-3절에서 소녀가 사랑하는 이를 어머니의 방으로 데려가서 하고픈 것이 아닌 것은 무엇인가?
   (1) 식구들과 함께 맛있는 식사
   (2) 향기로운 술 곧 석류즙을 그가 마시게 한다
   (3) 그의 왼팔에 머리를 고이고 그의 오른손이 자기를 안기를 바란다
   (4) 그가 원하기 전에는 깨지 않기를 바란다

4. 다음 중 아가서에 자주 반복되는 주제가 아닌 것은 무엇인가?
   (1) 예루살렘 딸들의 간청
   (2) 내 오라비의 사랑

(3) 사랑하는 자를 밤새도록 찾음

(4) 나의 사랑하는 자는 나에게 속했고, 나는 그에게 속하였다

5. 아가서 6장 13절에는 아가서의 사랑하는 여인이 사는 곳이 어디인지 밝혀지고 있다. 그곳은 어디인가?

(1) 모압 (2) 예루살렘 (3) 술람미 (4) 암몬

6. 아가서 7장에서 사랑하는 여인의 아름다움을 묘사하는 대상이 아닌 것은 무엇인가?

(1) 발 (2) 유방 (3) 현숙함 (4) 콧김

완성형

1. 나는 내 사랑하는 자에게 ( ) 내 사랑하는 자는 내게 ( ) 그가 백합화 가운데에서 그 양 떼를 먹이는 도다(아6:3).

단답형

1. 아가서의 표현에 죽음같이 강한 것이 무엇인가?(아8:6) ( )

진위형(O,X)

1. "내 사랑하는 자는 내게 속하였고 나는 그에게 속하였도다. 그가 백합화 가운데에서 양 떼를 먹이는구나" 여기에서 '내 사랑하는 자' 와

'나' 는 사랑하는 남녀를 가리킨다(아2:16). (O , X)

정 답

선택형

1.(4) 2.(2)(아1:12-14; 2:1-3; 3:6-11) 3.(1) 4.(2)(아2:7; 3:5; 5:8; 8:4/3:1-5; 5:2-8/2:16; 6:3) 5.(3) 6.(3)

완성형

1.속하였고, 속하였으며

단답형

1.사랑

진위형

1.(O)

20 구약편 이사야

Isaiah

선택형

1. 이사야서는 총 몇 장으로 구성되어 있는가?
   (1) 45장 (2) 55장 (3) 65장 (4) 66장

2. "시온은 정의로 구속함을 받고 그 돌아온 자들은 공의로 구속함을 받으리라"고 예언한 사람은 누구인가?
   (1) 에스겔 (2) 예레미야 (3) 스가랴 (4) 이사야

3. 이사야 5장의 포도원의 노래의 주제는 무엇인가?
   (1) 인내 (2) 소망 (3) 정의 (4) 믿음

4. 임마누엘 예언을 한 선지자는 누구인가?
   (1) 다니엘 (2) 호세아 (3) 이사야 (4) 미가

5. 이사야 29:1에서 "슬프다 아리엘이여 아리엘이여 다윗이 진 친 성읍이여"란 말씀에서 "아리엘"은 어느 성읍을 가리키는가?
   (1) 아이 (2) 헤브론 (3) 예루살렘 (4) 베들레헴

6. 병들어 죽게 된 히스기야가 기도하여 나을 징조로 아하스의 해시계가 뒤로 몇 도 물러갔는가?
   (1) 10도 (2) 15도 (3) 20도 (4) 5도

7. 포로로 잡혀간 유다 사람들을 고국으로 돌아가서 성전을 중건하도록 허락할 여호와의 기름부음 받은 자는 누구인가?
   (1) 이사야 (2) 고레스 (3) 여호야긴 (4) 느헤미야

8. "일어나라 빛을 발하라 이는 네 빛이 이르렀고 여호와의 영광이 네 위에 임하였음이니라"는 말씀이 기록된 예언서는 무엇인가?
   (1) 에스겔 (2) 예레미야 (3) 이사야 (4) 나훔

완성형

1. 여호와께서 말씀하시되 오라 우리가 서로 ( )하자 너희의 죄가 주홍같을지라도 눈과 같이 희어질 것이요 진홍같이 붉을지라도 양털같이 희게 되리라(사1:18).

2. 에브라임의 머리는 사마리아요 사마리아의 머리는 르말리야의 아들이니라 만일 너희가 굳게 ( ) 아니하면 너희는 굳게 서지 못하리라 하시니라(사7:9).

3. 이는 한 아기가 우리에게 났고 한 아들을 우리에게 주신 바 되었는데 그의 어깨에는 정사를 메었고 그의 이름은 기묘자라, 모사라, ( )하신 하나님이라, 영존하시는 아버지라, 평강의 왕이라 할 것임이니라(사9:6).

4. 풀은 마르고 꽃은 시드나 우리 하나님의 ( )은 영원히 서리라(사40:8).

5. 대저 나는 여호와 네 하나님이요 이스라엘의 거룩한 이요 네 ( )임이라 내가 애굽을 너의 속량물로, 구스와 스바를 너를 대신하여 주었노라(사43:3).

6. 그가 찔림은 우리의 허물 때문이요 그가 상함은 우리의 ( ) 때문이라 그가 징계를 받음으로 우리는 평화를 누리고 그가 채찍에 맞으므로 우리는 나음을 받았도다(사53:5).

7. 내가 기뻐하는 ( )은 흉악의 결박을 풀어주며 멍에의 줄을 끌러 주며 압제 당하는 자를 자유하게 하며 모든 멍에를 꺽는 것이 아니겠느냐사(58:6).

단답형

1. 이사야 14:12에서 말하는 "아침의 아들 계명성"은 역사적으로 어떤 인물을 지칭하는가? ( )

2. 이사야 45장에서 여호와의 기름부음을 받은 자는 누구인가? ( )

진위형(O,X)

1. 이사야서의 종의 노래는 이사야 40-55장 가운데 등장한다. (O , X)

2. 이사야는 웃시야 왕이 죽던 해에 성전에서 소명을 체험했다. (O , X)

3. 주전 734년 시리아-에브라임 위기 때 아하스 왕에게 준 이사야의 표적은 임마누엘 아기 이름이다. (O , X)

4. 주전 734년 시리아-에브라임 위기 때 이사야의 예언은 앗수르에게 지원을 요청하라는 것이었다. (O , X)

5. 바벨론을 멸망시키고 유다 포로를 고국으로 귀환하도록 허락한 나라는 바사이다. (O , X)

6. 고난 받는 종으로서 메시야에 관한 예언을 한 예언자는 이사야다. (O , X)

정 답

선택형

1.(4) 2.(4) 3.(3) 4.(3) 5.(3) 6.(1) 7.(2) 8.(3)

완성형

1.변론 2.믿지 3.전능 4.말씀 5.구원자 6.죄악 7.금식

단답형

1.바벨론 왕 느부갓네살 2.고레스

진위형

1.(O) 2.(O) 3.(O) 4.(X) 5.(O) 6.(O)

21 구약편 예레미야

Jeremiah

선택형

1. "힐기야의 아들, 살구나무 가지, 토기장이의 그릇, 바룩, 하나냐" 등과 관련이 있는 책은 무엇인가?
   (1) 이사야 (2) 예레미야 (3) 에스겔 (4) 다니엘

2. "너희는 이것이 여호와의 성전이라, 여호와의 성전이라, 여호와의 성전이라 하는 거짓말을 믿지 말라"라고 외친 선지자는 누구인가? (렘7:4)
   (1) 이사야 (2) 예레미야 (3) 에스겔 (4) 아모스

3. 예레미야가 사용한 비유가 아닌 것은 무엇인가? (렘13장, 19장)
   (1) 썩은 허리띠 (2) 포도주 가죽부대
   (3) 깨진 옹기 (4) 마른 뼈 골짜기 환상

4. 예레미야는 유다 백성들이 바벨론에서 몇 년 동안 포로 생활을 하게 된다고 예언했는가? (렘25:12)
   (1) 40년 (2) 60년 (3) 70년 (4) 80년

5. 예레미야서에 보면 여호와의 철퇴라고 불린 나라는 어디인가? (렘51:20)
   (1) 앗수르 (2) 시리아 (3) 블레셋 (4) 바벨론

완성형

1. "내가 너를 모태에 짓기 전에 너를 알았고 네가 배에서 나오기 전에 너를 성별하였고 너를 여러 나라의 선지자로 세웠노라"라는 말씀은 여호와께서 (　　　)에게 주신 말씀이다(렘1:5).

2. 내가 (　　　) 선지자들 가운데도 가증한 일을 보았나니 그들은 간음을 행하며 거짓을 말하며 악을 행하는 자의 손을 강하게 하여 사람으로 그 악에서 돌이킴이 없게 하였은즉 그들은 다 내 앞에서 소돔과 다름이 없고 그 주민은 고모라와 다름이 없느니라(렘23:14).

3. 유다인과 예루살렘 주민들아 너희는 스스로 할례를 행하여 너희 (　　　) 가죽을 베고 나 여호와께 속하라 그리하지 아니하면 너희 악행으로 말미암아 나의 분노가 불 같이 일어나 사르리니 그것을 끌 자가 없으리라(렘4:4).

4. 내 백성은 나를 알지 못하는 어리석은 자요 지각이 없는 미련한 자식이라 악을 행하기에는 지각이 있으나 (　　　)을 행하기에는 무지하도다(렘4:22).

단답형

1. 하나님의 부르심에 대해 "슬프도소이다 주 여호와여 보소서 나는 아이라 말할 줄을 알지 못하나이다"라고 답한 자는 누구인가? (렘1:6) (　　　)

2. 여호와께서 내게(예레미야) 이르시되 모세와 (　　　)이 내 앞에 섰다 할지라도 내 마음은 이 백성을 향할 수 없나니 그들을 내 앞에서 쫓아 내보내라(렘15:1). (　　　)

3. 예레미야를 대신하여 성전에서 하나님의 말씀을 낭독한 자는 누구인가? (렘36:8) (　　　)

진위형(O,X)

1. 살구나무 가지 환상과 끓는 가마 환상을 보며 하나님의 소명을 받은 선지자는 에스겔이다(렘1:11-19). (O , X)

2. 예레미야가 힌놈의 아들의 골짜기에서 토기장이의 옹기를 깨뜨린 것은 바벨론이 멸망하게 될 것을 예언한 것이다(렘19장). (O , X)

3. 시드기야 왕 때 예루살렘을 포위한 바벨론의 왕은 느부갓네살이다(렘34:1). (O , X)

4. "너는 내게 부르짖으라 내가 네게 응답하겠고 네가 알지 못하는 크고 은밀한 일을 네게 보이리라"라는 말씀은 예레미야서에 언급된다(렘33:3). (O , X)

정 답

선택형

1.(2) 2.(2) 3.(4) 4.(3) 5.(4)

완성형

1.예레미야 2.예루살렘 3.마음 4.선

단답형

1.예레미야 2.사무엘 3.바룩

진위형

1.(X) 2.(X) 3.(O) 4.(O)

22 구약편 예레미야애가

Lamentations

선택형

1. "사람이 여호와의 구원을 바라고 잠잠히 기다림이 좋도다"라는 구절이 언급되는 구약의 책은 무엇인가? (애3:26)

(1) 시편 (2) 잠언 (3) 전도서 (4) 예레미야애가

완성형

1. 여호와의 인자와 ( )이 무궁하시므로 우리가 진멸되지 아니함이니이다 이것들이 아침마다 새로우니 주의 성실하심이 크시도소이다(애3:22-23).

2. 여호와의 인자와 긍휼이 무궁하시므로 우리가 진멸되지 아니함이니이다 이것들이 아침마다 새로우니 주의 ( )하심이 크시도소이다(애3:22-23).

진위형(O,X)

1. "여호와여 우리를 주께로 돌이키소서 그리하시면 우리가 주께로 돌아가겠사오니 우리의 날들을 다시 새롭게 하사 옛적 같게 하옵소서"라는 기도가 포함된 책은 예레미야애가이다(애5:21). (O , X)

정 답

선택형

1.(4)

완성형

1.긍휼 2.성실

진위형

1.(O)

23 구약편 에스겔

Ezekiel

선택형

1. 다음 중 에스겔에 대한 설명으로 옳지 않은 것은 무엇인가?
   (1) 그는 제사장이다
   (2) 그는 포로기 때에 활약한 선지자다
   (3) 그는 바벨론에서 이스라엘 유배인들을 상대로 활약하였다
   (4) '임마누엘' 이란 이름을 가진 아이의 탄생을 예고한 선지자다

2. 다음 중 에스겔서와 가장 관련이 없는 것은 무엇인가?
   (1) 환상　(2) 영　(3) 마른 뼈　(4) 아닥사스

3. 다음 중 하나님이 에스겔에게 말씀하신 소위 '파수꾼의 임무' 란 무엇을 뜻하는 것인가? (겔3:1-27)
   (1) 파수꾼처럼 늘 경계를 하며 살아야 한다
   (2) 파수꾼처럼 부지런하고 깨어있어 말씀을 전해야 한다
   (3) 에스겔이 예언자로서 하나님의 뜻을 미리 경고하지 않으면 문책을 당할 것이다
   (4) 성읍의 문을 철저히 지켜야 한다

4. 에스겔이 머리털과 수염을 깎고, 머리털을 셋으로 나눈 후 1/3은 태우고 1/3은 자르고 1/3은 바람에 날려버린 것의 의미는 무엇인가? (겔5:1-17)

(1) 성결할 것을 명령하는 표징

(2) 예루살렘 주민의 운명에 대한 표징

(3) 포로된 이들을 위한 위생 교육

(4) 바벨론 민족의 운명에 대한 표징

5. 유다의 타락에 대하여 14:13-14는 다음과 같이 말한다. "인자야 가령 어떤 나라가 불법을 행하여 내게 범죄하므로 내가 손을 그 위에 펴서 그 의지하는 양식을 끊어 기근을 내려 사람과 짐승을 그 나라에서 끊는다 하자. 비록 ( ), ( ), ( ), 이 세 사람이 거기에 있을지라도 그들은 자기의 공의로 자기의 생명만 건지리라 나 주 여호와의 말이니라" 괄호 안에 들어갈 세 인물이 아닌 사람은 누구인가?

(1) 노아 (2) 다니엘(단엘) (3) 욥 (4) 아브라함

6. 고대 이스라엘에 "여호와는 질투하는 하나님인즉 나를 미워하는 자의 죄를 갚되 아버지로부터 아들에게로 삼사 대까지 이르게 한다"는 전승이 있다. 이 믿음에 대한 에스겔의 반응은 무엇인가? (출20:5; 34:7; 신5:9; 민14:18)

(1) 그래서 우리가 바벨론에 포로로 잡혀와 있고 많은 시간이 지나야 해방된다

(2) 그러나 하나님은 사랑이시기 때문에 이대 까지만 벌하신다

(3) 그러니 회개하고 자숙해야 한다

(4) 죄를 짓는 사람까지만 벌을 받는다고 말하며 이 믿음에 반대한다

7. 에스겔 22장에서 예루살렘을 고발하는 이유가 아닌 것은 무엇인가? (겔22:1-31)

(1) 부모 멸시 (2) 외국인(나그네) 착취

(3) 뇌물 (4) 금기한 고기를 먹음

8. 음행하는 두 자매 오홀라와 오홀리바는 각각 누구를 상징하는가? (겔 23:1-49)
   (1) 사마리아(북이스라엘)와 예루살렘(남 유다)
   (2) 사마리아와 애굽
   (3) 예루살렘과 앗수르
   (4) 레아와 라헬

9. "또 새 영을 너희 속에 두고 새 마음을 너희에게 주되 너희 육신에서 굳은 마음을 제거하고 부드러운 마음을 줄 것이며"이 구절과 같은 뜻의 말을 하였던 선지자는 누구인가? (겔36:26)
   (1) 예레미야 (2) 엘리야 (3) 미가야 (4) 요나

10. 에스겔 37장 환상 속에서 다시 살아나는 '마른 뼈'는 누구를 상징하는가? (겔37:11)
   (1) 애굽 (2) 이스라엘 (3) 다윗 (4) 메시야

완성형

1. 이스라엘 백성을 꾸짖는 것에 대한 다음 구절의 괄호 안을 채우시오.
"그들이 이른바 그 여러 나라에서 내 거룩한 (   )이 그들로 말미암아 더러워졌나니 곧 사람들이 그들을 가리켜 이르기를 이들은 여호와의 백성이라도 여호와의 땅에서 떠난 자라 하였음이라" (겔36:20).

2. 또 새 (   )을 너희 속에 두고 새 (   )을 너희에게 주되 너희 육신에서 굳은 마음을 제거하고 부드러운 마음을 줄 것이며 (겔36:26).

진위형(O,X)

1. 에스겔은 예루살렘을 무너뜨린 바벨론에 대항하여 강력한 독립 정신을 고취시킨다. (O , X)

2. "아버지가 신 포도를 먹었으므로 그의 아들의 이가 시다"는 속담을 이용하여 에스겔은 우리의 조상이 가나안 땅에서 하나님을 올바르게 섬기지 못한 죄의 대가를 우리가 치룰 수밖에 없다고 설명한다(겔18:1-32). (O , X)

3. 22장에서 예루살렘을 고발할 때에 지도자들, 제사장들, 고관들, 예언자들이 범죄자로 지목되었으나 일반 백성들은 언급되지 않았다(겔22:29). (O , X)

4. 에스겔은 하나님의 권능이 임하여 환상 속에 새 예루살렘을 볼 수 있었다(겔40:1-4). (O , X)

정 답

선택형

1.(4)(임마누엘은 이사야와 관련; 사7) 2.(4)(묵시문학의 아버지라 불리는 에스겔은 환상을 많이 보고하고 있으며, 에스겔은 문서선지자 중 가장 '영'과 친밀한 모습을 보여준다.그의 유명한 환상 중 하나는 마른 뼈가 살아나는 환상이다) 3.(3) 4.(2) 5.(4) 6.(4) 7.(4) 8.(1) 9.(1)("그러나 그 날 후에 내가 이스라엘 집과 맺을 언약은 이러하니 곧 내가 나의 법을 그들의 속에 두며 그들의 마음에 기록하여 나는 그들의 하나님이 되고 그들은 내 백성이 될 것이라 여호와의 말씀이니라", 렘31:33) 10.(2)

완성형

1.이름 2.영, 마음

진위형

1.(X)(예레미야와 마찬가지로 바벨론에 예속되는 것을 받아들인다; 겔17:15; 30:25) 2.(X)(이 속담을 부정하며 그 반대를 말한다) 3.(X) 4.(O)

24 구약편 다니엘

Daniel

선택형

1. "느부갓네살, 하나냐, 미사엘, 아사랴, 다리오, 사자 굴" 등과 관련이 있는 책은 무엇인가?

   (1) 에스겔 (2) 다니엘 (3) 스가랴 (4) 학개

2. 다니엘 2장에 의하면 느부갓네살 왕의 꿈에 나타난 큰 신상에 대한 설명이 틀린 것은 무엇인가?

   (1) 머리-순금 (2) 가슴과 두 팔-은

   (3) 배와 넓적다리-놋 (4) 종아리-흙

3. "왕이여 우리가 섬기는 하나님이 계시다면 우리를 맹렬히 타는 풀무불 가운데에서 능히 건져내시겠고 왕의 손에서도 건져내시리이다 그렇게 하지 아니하실지라도 왕이여 우리가 왕의 신들을 섬기지도 아니하고 왕이 세우신 금 신상에게 절하지도 아니할 줄을 아옵소서"라고 고백하지 않은 자는 누구인가? (단3:17-18)

   (1) 하나냐 (2) 미사엘 (3) 다니엘 (4) 아사랴

4. 다니엘 7장에 다니엘이 꾼 꿈에 나타나지 않는 짐승은 무엇인가?

   (1) 사자 (2) 곰 (3) 표범 (4) 늑대

완성형

1. 다니엘과 그 세 친구들이 왕궁에서 먹은 음식은 (   )이다(단1:12).

2. "왕이 사람에게서 쫓겨나서 들짐승과 함께 살며 소처럼 풀을 먹으며 하늘 이슬에 젖을 것이요 이와 같이 일곱 때를 지낼 것이라 그 때에 지극히 높으신 이가 사람의 나라를 다스리시며 자기의 뜻대로 그것을 누구에게든지 주시는 줄을 아시리이다"라고 다니엘이 꿈을 해석했을 때 이 왕은 (   )을 가리킨다(단4:25).

3. 다니엘서에 언급되는 두 천사들로서 하나님께서 유다 백성들에게 주신 환상을 깨닫게 한 자들은 가브리엘과 (   )이다(단9:21; 12:1).

4. 지혜 있는 자는 궁창의 빛과 같이 빛날 것이요 많은 사람을 옳은 대로 돌아오게 한 자는 (   )과 같이 영원토록 빛나리라(단12:3).

단답형

1. 바벨론의 왕궁에 있었던 다니엘은 누가 꾼 큰 신상의 꿈을 해몽해 주었는가? (단2장) (   )

2. 다니엘은 예루살렘을 향하여 하루에 몇 번씩 기도했는가? (단6:10) (   )

3. 숫양과 숫염소의 환상을 통해 메대, 바사, 그리고 헬라 제국의 운명을 예언하고 있는 구약의 책은 무엇인가? (단8장) (   )

진위형(O,X)

1. 벨드사살은 다니엘의 바벨론식 이름이다(단 1:6-7). (O , X)

2. 다니엘서에 나오는 느부갓네살 왕의 금 신상에 절하지 않은 자에게 주어진 형벌은 사자 굴에 던지는 것이었다(단3: 11). (O , X)

정 답

선택형

1.(2) 2.(4) 3.(3) 4.(4)

완성형

1.채식 2.느부갓네살 3.미가엘 4.별

단답형

1.느부갓네살 2.세 번 3.다니엘(서)

진위형

1.(O) 2.(X)

25 구약편 열두 예언서

선택형

1. 12예언서 중에서 맨 처음 나오는 예언서는 무엇인가?
   (1) 다니엘 (2) 호세아 (3) 요엘 (4) 아모스

2. 12예언서 중에서 맨 마지막 예언서는 무엇인가?
   (1) 나훔 (2) 학개 (3) 스가랴 (4) 말라기

3. "나는 인애를 원하고 제사를 원하지 아니하며 번제보다 하나님을 아는 것을 원하노라"고 말씀하는 예언자는 누구인가?
   (1) 아모스 (2) 호세아 (3) 미가 (4) 요엘

4. "여호와는 질투하시며 보복하시는 하나님이시라"고 말씀한 예언자는 누구인가?
   (1) 나훔 (2) 하박국 (3) 스바냐 (4) 미가

5. "여호와여 내가 부르짖어도 주께서 듣지 아니하시니 어느 때까지리이까"는 질문으로 예언서를 시작하는 예언자는 누구인가?
   (1) 요엘 (2) 요나 (3) 하박국 (4) 나훔

6. "내 이름을 경외하는 너희에게는 공의로운 해가 떠올라서 치료하는 광선을 비추리니"라고 말씀하는 예언서는 무엇인가?
(1) 하박국 (2) 학개 (3) 미가 (4) 말라기

완성형

1. 나는 ( )를 원하고 제사를 원하지 아니하며 번제보다 하나님을 아는 것을 원하노라(호6:6).

2. 너희는 옷을 찢지 말고 ( )을 찢고 너희 하나님 여호와께 돌아올지어다(욜2:13).

3. 그 후에 내가 내 ( )을 만민에게 부어 주리니 너희 자녀들이 장래 일을 말할 것이며 너희 늙은이는 꿈을 꾸며 너희 젊은이는 이상을 볼 것이며(욜2:28).

4. 사자가 부르짖은즉 누가 두려워하지 아니하겠느냐 주 여호와께서 말씀하신즉 누가 ( )하지 아니하겠느냐(암3:8).

5. 여호와의 ( )은 빛 없는 어둠이 아니며 빛남 없는 캄캄함이 아니냐(암5:20).

6. 오직 정의를 물 같이 ( )를 마르지 않는 강 같이 흐르게 할지어다(암5:27).

7. 오직 나는 여호와의 영으로 말미암아 능력과 정의와 ( )로 충만해져서 야곱의 허물과 이스라엘의 죄를 그들에게 보이리라(미3:8).

8. 여호와는 질투하시며 (   )하시는 하나님이시라(나1:2).

9. 여호와여 내가 부르짖어도 주께서 듣지 아니하시리니 어느 때까지리이까 내가 (   )로 말미암아 외쳐도 주께서 구원하지 아니하시나이다(합1:2).

10. 보라 그의 마음은 교만하며 그 속에서 정직하지 못하나 의인은 그의 (   )으로 말미암아 살리라(합2:4).

11. 만군의 여호와가 이르노라 보라 내가 내 (   )를 보내리니 그가 내 앞에서 길을 준비할 것이요(말3:1).

12. 내 이름을 경외하는 너희에게는 공의로운 해가 떠올라서 (   )하는 광선을 비추리니 너희가 나가서 외양간에서 나온 송아지 같이 뛰리라(말4:2).

단답형

1. 메시야가 유다 땅 베들레헴에서 태어날 것을 예언한 사람은 누구인가? (   )

2. 세상 역사에 대한 하나님의 신정통치에 대한 질문으로 시작하는 예언서는 무엇인가? (   )

3. 온전한 십일조를 드리라고 촉구한 예언서는 무엇인가? (   )

진위형(O,X)

1. 요나는 물고기 뱃속에 나온 뒤 니느웨 성을 사흘 동안 두루 다니면서 회개를 외쳤다. (O , X)

2. 베들레헴에서 메시야가 올 것을 예언한 사람은 스가랴이다. (O , X)

3. "오직 의인은 그의 믿음으로 말미암아 살리라"고 예언한 사람은 하박국이다. (O , X)

정 답

선택형

1.(2) 2.(4) 3.(2) 4.(1) 5.(3) 6.(4)

완성형

1.인애 2.마음 3.영 4.예언 5.날 6.공의 7.용기 8.보복 9.강포 10.믿음 11.사자 12.치료

단답형

1.미가 2.하박국 3.말라기

진위형

1.(X) 2.(X) 3.(O)

T.h.e. N.e.w. T.e.s.t.a.m.e.n.t.

신약

01 신약편 마태복음

Matthew

선택형

1. 예수님이 마귀의 시험에 대답하여 사용한 말씀은 구약성경 어디에 나오는 말씀인가?

   (1) 창세기 (2) 사사기 (3) 신명기 (4) 레위기

2. 마태복음 6장에서 예수님이 가르쳐주신 기도의 내용에 들어 있지 않은 것은 무엇인가? (마6장)

   (1) 일용할 양식 (2) 죄사함 (3) 악으로부터 구원 (4) 금식

3. 천국 비유의 소재로 사용되지 않은 것은 무엇인가? (마13장)

   (1) 겨자씨 (2) 가라지 (3) 소금 (4) 진주

4. 오병이어 사건에서 예수가 떡과 물고기를 나누어준 행위에서 사용된 동사가 아닌 것은 무엇인가? (마14장)

   (1) 가지다 (2) 축사하다 (3) 주다 (4) 받다

5. 생명에 들어가기 위해 지켜야 할 계명에 포함되지 않은 것은 무엇인가? (마19장)

   (1) 친구를 존경하라 (2) 간음하지 말라

   (3) 도둑질 하지 말라 (4) 살인하지 말라

6. 예수님의 종말 강화에서 종말의 과정에 일어날 것으로 언급된 것이 아닌 것은 무엇인가? (마24장)

(1) 난리와 난리 소문　　(2) 대적하는 일
(3) 경제 성장　　(4) 천국 복음 전파

완성형

1. 보라 처녀가 잉태하여 아들을 낳을 것이요 그의 이름은 (　　　)이라 하리라 하셨으니 이를 번역한즉 하나님이 우리와 함께 계시다 함이라(마1:23).

2. 내가 (　　　)이나 (　　　)를 폐하러 온 줄로 생각하지 말라 폐하러 온 것이 아니요 완전하게 하려 함이라(마5:17).

3. 가시떨기에 뿌려졌다는 것은 (　　　)을 들으나 세상의 염려와 (　　　)의 유혹에 말씀이 막혀 결실하지 못하는 자요(마13:22).

4. 그러므로 누구든지 이 (　　　)와 같이 자기를 낮추는 사람이 (　　　)에서 큰 자니라(마18:4).

5. 예수께서 이르시되 네 (　　　)을 다하고 목숨을 다하고 뜻을 다하여 주 너의 (　　　)을 사랑하라 하셨으니(마22:37).

6. 그러므로 너희는 가서 모든 민족을 (　　　)로 삼아 아버지와 아들과 성령의 (　　　)으로 침례를 베풀고(마28:19).

단답형

1. 예수 그리스도는 그의 어머니 마리아가 요셉과 약혼하고 동거하기 전에 무엇에 의해 잉태되었나? (마1장) (　　　)

2. 마태복음 5장에서 예수님은 제자들의 정체성에 관하여 가르치기 위하여 어떤 비유어 두 개를 사용하셨는가? (마5장) (　　　)

3. 마태복음 7장에서 예수님은 무엇에로 인도하는 문이 좁고 협착해서 찾는 이가 적다고 하셨는가? (마7장) (　　　)

4. 바리새인들은 예수의 귀신축출 사역을 보고 누구를 힘입어 귀신을 쫓아낸다고 비방했는가? (마12장) (　　　)

5. 예수님이 "오직 바리새인들과 사두개인들의 누룩을 주의하라"고 말씀하셨을 때, 누룩은 무엇을 의미하는 비유어였는가? (마16장) (　　　)

6. 포도원 농부의 비유에서 예수님은 건축자들의 버린 돌이 모퉁이의 무엇이 되었다는 말씀을 인용하셨는가? (마21장) (　　　)

7. 빌라도에게 예수님의 시체를 달라하여 자기의 새 무덤에 장사한 아리마대 부자의 이름은 무엇인가? (마27장) (　　　)

진위형(O,X)

1. 예수님의 산상강화 교훈 중에는 원수를 사랑하며 핍박하는 자를 위해 기도하라는 교훈이 포함되어 있다(마5장). (O , X)

2. 마태복음 7장에는 예수님을 향해 주여 주여 부르는 사람들이 다 천국에 들어갈 것이라는 말씀이 나온다(마7장). (O , X)

3. 예수님이 베드로에게 주신 천국 열쇠는 땅과 바다에서 매고 푸는 권세에 관한 것이다(마16장). (O , X)

4. 마태복음 23장에서 예수님은 외식하는 사두개인들을 향하여 비판하는 말씀을 하셨다(마23장). (O , X)

5. 마태복음 25장의 달란트 비유에서 다섯 개 받아 다섯 개 남긴 사람에 대한 상급과 두 개 받아 두 개 남긴 사람에 대한 상급이 다르게 부여되었다(마25장). (O , X)

6. 마태복음 28장에서 부활의 예수님은 빈무덤을 방문했던 여자들에게 제자들이 예루살렘에서 예수님을 보게될 것을 말씀하셨다(마28장). (O , X)

정 답

선택형

1.(3) 24) 3.(3) 4.(4) 5.(1) 6.(3)

완성형

1.임마누엘 2.율법, 선지자 3.말씀, 재물 4.어린 아이, 천국 5.마음, 하나님 6.제자, 이름

단답형

1.성령 2.소금, 빛 3.생명 4.바알세불 5.교훈 6.머릿돌 7.요셉

진위형

1.(0) 2.(X) 3.(X) 4.(X) 5.(X) 6.(X)

02 신약편 마가복음

Mark

선택형

1. "성령이 곧 예수를 광야로 몰아내신지라 광야에서 사십일을 계시면서 사탄에게 시험을 받으시며 들짐승과 함께 계시니 천사들이 수종들더라"라는 독특한 내용이 나오는 복음서는 무엇인가?

   (1) 마태복음 (2) 마가복음 (3) 누가복음 (4) 요한복음

2. 마가복음에서 예수님이 첫 번째 선포하신 것은 무엇인가?

   (1) 축복 (2) 교회 (3) 종말 (4) 하나님 나라

3. 마가복음에서 예수님은 자신을 가리키실 때(예컨대, 자신이 안식일의 주인이라고 하시면서, 막2:28) 무슨 호칭을 사용하셨는가?

   (1) 인자 (2) 하나님의 아들
   (3) 다윗의 자손 (4) 그리스도

4. 예수님께서 죄를 사하시는 권세를 갖고 계시다는 것을 나타낸 사건은 무엇인가?

   (1) 침례를 주심 (2) 문둥병자를 치유하심
   (3) 물 위를 걸으심 (4) 중풍병자를 고치심

5. 예수님이 열 두 제자를 세우신 세 가지 목적에 속하지 않는 것은 무엇인가?
   (1) 자기와 함께 있게 하시려고
   (2) 전도의 일을 하게 하시려고
   (3) 귀신을 내쫓는 권세를 주시려고
   (4) 구제의 일을 하게 하시려고

6. 거라사인의 지방에 있던 군대 귀신들린 자의 행동이 아닌 것은 무엇인가?
   (1) 밤낮 무덤 사이에서나 산에서 소리지름
   (2) 돌로 제 몸을 상하게 함
   (3) 쇠사슬이나 고랑을 끊어버림
   (4) 무덤 사이에서 웅크리고 있음

7. 예수님께서 바다 위를 걸어오셔서 배에 오르시자 바람이 그쳤고 제자들은 심히 놀랐었다. 이때 예수님께서 하신 말씀은 무엇인가?
   (1) 믿음이 없는 자들아 회개하라
   (2) 믿음이 없는 자들아 두려워하지 말라
   (3) 안심하라 내니 두려워 말라
   (4) 안심하라 믿고 기도하라

8. 제자들이 예수님을 버릴 것을 예고하시면서 인용하신 구약의 말씀은 어디에 있는 것인가? (막14:27)
   (1) 스가랴　(2) 말라기　(3) 스바냐　(4) 이사야

완성형

1. 뭇 사람이 그의 교훈에 놀라니 이는 그가 가르치시는 것이 권위 있는 자와 같고 (　　　)과 같지 아니함일러라(막1:22).

2. 안식일이 (　　　)을 위하여 있는 것이요 (　　　)이 안식일을 위하여 있는 것이 아니니(막2:27).

3. 예수께서 나오사 큰 무리를 보시고 그 목자 없는 (　　　)같음으로 인하여 불쌍히 여기사 이에 여러 가지로 가르치시더라(막6:34).

4. 집에 들어가시매 제자들이 조용히 묻자오되 우리는 어찌하여 능히 그 귀신을 쫓아내지 못하였나이까 이르시되 (　　　)외에는 다른 것으로는 이런 종류가 나갈 수 없느니라(막9:28-29).

5. 또 너희가 내 (　　　)으로 말미암아 모든 사람에게 미움을 받을 것이나 끝까지 견디는 자는 구원을 받으리라(막13:13).

단답형

1. 마가복음에서 레위의 집에서 예수님이 세리와 죄인들과 식사하실 때에 시비한 자들은 누구인가? (　　　)

2. 거라사인들은 군대 귀신들린 자가 온전해진 것을 보고 예수님에게 무엇을 간구했는가? (　　　)

3. 예수님께서 누구에게 "주께서 네게 어떻게 큰 일을 행하사 너를 불쌍히 여기신 것을 네 가족에게 알리라"고 하셨는가? (　　　)

4 '에바다' 의 뜻은 무엇인가? (　　　)

5. 군병들이 예수님에게 가시 면류관을 씌우고 핍박한 곳의 이름은 무엇인가? (　　　)

6. 예수님께서 숨지시는 것을 보고 "이 사람은 진실로 하나님의 아들이었도다"라고 말한 사람은 누구인가? (　　　)

진위형(O,X)

1. 마가복음에서 예수님이 첫 번째 기적을 행한 곳은 가버나움이다. (O, X)

2. 마가복음에서 제자들은 전도여행 하면서 병자들에게 기름을 발라 고쳤다. (O, X)

3. 사람을 더럽히는 것은 사람의 마음에서 나오는 악한 것들이다. (O, X)

4. 예수님은 무화과의 때가 아닌데도 열매가 없음을 보시고 무화과나무를 저주하셨다. (O, X)

5. 마가복음에는 예수님이 골고다에서 몰약을 탄 포도주를 드셨다고 기록되어 있다. (O, X)

6. 마가복음에서 예수님이 가장 먼저 만난 사람은 막달라 마리아이다. (O, X)

정 답

선택형

1.(2) 2.(4) 3.(1) 4.(4) 5.(4) 6.(4) 7.(3) 8.(1)

완성형

1.서기관들 2.사람 3.양 4.기도 5.이름

단답형

1.바리새인의 서기관들 2.떠나시기를 간구함 3.군대귀신 들렸던 자 4.열리라 5.브라이도리온 6.백부장

진위형

1.(O) 2.(O) 3.(O) 4.(O) 5.(X) 6.(O)

03 신약편 누가복음

Luke

선택형

1. 누가복음에만 나오는 내용이 아닌 것은 무엇인가?
   (1) 예수와 삭개오　　(2) 열 처녀의 비유
   (3) 70인 제자 파송　　(4) 부자와 나사로

2. 가브리엘 천사가 제사장 사가랴에게 침례요한에 대하여 말한 내용이 아닌 것은 무엇인가?
   (1) 큰 자가 된다
   (2) 이스라엘 자손을 하나님께로 많이 돌아오게 한다
   (3) 요단강에서 침례 때에 성령 충만을 받는다
   (4) 포도주나 소주를 마시지 않는다

3. "능하신 이가 큰일을 내게 행하셨으니 그 이름이 거룩하시며 긍휼하심이 두려워하는 자에게 대대로 이르는도다"라고 찬송한 사람은 누구인가? (눅1:49-50)
   (1) 사가랴　　(2) 엘리사벳　　(3) 마리아　　(4) 가브리엘

4. "선생님 우리들이 밤이 새도록 수고하였으되 잡은 것이 없지마는 말씀에 의지하여 내가 그물을 내리리이다"라고 말한 사람은 누구인가? (눅5:5)
   (1) 안드레　　(2)야고보　　(3) 시몬　　(4) 요한

5. 예수께서 나인성 과부의 아들을 살리시는 기적을 본 사람들의 반응이 아닌 것은 무엇인가? (눅7:16)

   (1) 두려워하며 하나님께 영광을 돌렸다

   (2) 큰 선지자가 우리 가운데 일어나셨다

   (3) 엘리야가 다시 오셨다

   (4) 하나님께서 자기 백성을 돌보셨다

6. 예수님께서 "인자가 많은 고난을 받고 (　　　)에게 버린 바 되어 죽임을 당하고 제삼일에 살아나야 하리라"라고 말씀하셨는데, 괄호 안에 들어가지 않는 것은 무엇인가? (눅9:22)

   (1) 장로들　(2) 바리새인들　(3) 서기관들　(4) 대제사장들

7. 예수께서 바리새인들을 향하여 하신 세 가지 화 선언의 이유에 속하지 않는 것은 무엇인가? (눅11:37-44)

   (1) 어려운 짐을 사람에게 지우고 너희는 한 손가락도 이 짐에 대지 않는다

   (2) 너희는 평토장한 무덤 같아서 그 위를 밟는 사람이 알지 못한다

   (3) 너희가 회당의 높은 자리와 시장에서 문안 받는 것을 기뻐하였다

   (4) 박하와 운향과 모든 채소의 십일조는 드리되 공의와 하나님께 대한 사랑은 버렸다

8. 바리새인들이 무엇을 좋아하는 자라고 성경은 말하고 있는가? (눅16:14)

   (1) 권세　(2) 지식　(3) 명예　(4) 돈

완성형

1. 보라 네가 잉태하여 아들을 낳으리니 그 이름을 예수라 하라 그가 큰 자가 되고 지극히 높으신 이의 아들이라 일컬어질 것이요 주 하나님께서 그 조상 (　　　)의 왕위를 그에게 주시리니 영원히 (　　　)의 집을 왕으로 다스리실 것이며 그 나라가 무궁하리라(눅1:31-33).

2. 시므온이 아기를 안고 하나님을 찬송하여 이르되 주재여 이제는 말씀하신대로 종을 평안히 놓아 주시는도다 내 눈이 주의 (　　　)을 보았사오니 이는 만민 앞에 예비하신 것이요 이방을 비추는 빛이요 주의 백성 이스라엘의 (　　　)이니이다(눅2:28-32).

3. 주의 성령이 내게 임하셨으니 이는 가난한 자에게 (　　　)을 전하게 하시려고 내게 기름을 부으시고 나를 보내사 포로 된 자에게 자유를, 눈 먼 자에게 다시 보게 함을 전파하며 눌린 자를 자유롭게 하고 주의 (　　　)의 해를 전파하게 하려 하심이라 하였더라(눅4:18-19).

4. 그러나 너희 듣는 자에게 내가 이르노니 너희 원수를 사랑하며 너희를 미워하는 자를 선대하며 너희를 저주하는 자를 위하여 (　　　)하며 너희를 모욕하는 자를 위하여 (　　　)하라(눅6:27-28).

5. 내가 너희에게 이르노니 이와 같이 죄인 한 사람이 (　　　)하면 하나님의 사자들 앞에서 (　　　)이 되느니라(눅15:10).

6. 시몬아 시몬아 보라 사탄이 너희를 밀 까부르듯 하려고 요구하였으나 그러나 내가 너를 위하여 네 (　　　)이 떨어지지 않기를 기도하였노니 너는 돌이킨 후에 네 (　　　)를 굳게하라(눅22:31-32).

단답형

1. 예수님께서 "선지자가 고향에서 환영을 받은 자가 없느니라"라고 하시며 말한 두 선지자는 누구인가? (눅4:24-27) (　　　)

2. 예수님 탄생시 호적을 명한 자는 누구인가? (눅1:1-7) (　　　)

3. 잃은 양의 비유, 잃은 동전의 비유, 잃은 아들의 비유가 나오는 복음서는 무엇인가? (　　　)

4. "항상 기도하고 낙심하지 말아야 할 것을"이라는 말씀이 나오는 복음서는 무엇인가? (　　　)

5. 누구든지 말로 인자를 거역하면 사하심을 받으려니와 무엇을 모독하는 자는 사하심을 받지 못한다고 하였나? (눅12:10)

6. 아래 사항을 만족시키는 인물은 누구인가? (눅23:50-52) (　　　)
   - 나는 하나님의 나라를 기다리는 사람입니다
   - 나는 공회의원으로 선하고 의로운 사람입니다
   - 나는 유대인의 동네 아리마대 사람입니다
   - 나는 빌라도에게 가서 예수님의 시체를 달라고 하였습니다.

진위형(O,X)

1. 예수께서 운명하신 후 성전휘장이 위로부터 아래까지 찢어진 사건이 기록된 복음서는 누가복음이다. (O , X)

2. 침례 요한의 아버지 사가랴의 아내 엘리사벳은 아론의 자손이다(눅1:5). (O , X)

3. 누가복음은 사도행전의 저자와 동일한 저자가 기록하였다. (O , X)

4. 누가복음에 따르면 변화산에서 예수께서 모세와 엘리야와 함께 나누신 대화의 주된 내용은 예수께서 예루살렘에서 별세하실 것에 관한 것이었다. (O , X)

5. "주리는 자를 좋은 것으로 배불리셨으며 부자는 빈손으로 보내셨도다 그 종 이스라엘을 도우사 긍휼히 여기시고 기억하시되 우리 조상에게 말씀하신 것과 같이 아브라함과 그 자손에게 영원히 하시리로다"라고 노래한 이는 사가랴이다(눅1:53-55). (O , X)

6. 예수님께서 "하나님의 나라가 이런 자의 것이니라" 말씀하실 때에, 이런 자는 어린 아이를 의미한다(눅18:16). (O , X)

정 답

선택형

1.(2) 2.(3) 3.(3) 4.(3) 5.(3) 6.(2) 7.(1) 8.(4)

완성형

1.다윗, 야곱 2.구원, 영광 3.복음, 은혜 4.축복, 기도 5.회개, 기쁨 6.믿음, 형제

단답형

1.엘리야와 엘리사 2.가이사 아구스도 3.누가복음 4.누가복음 5.성령 6.요셉

진위형

1.(X) 2.(O) 3.(O) 4.(O) 5.(X) 6.(O)

04 신약편 요한복음

John

선택형

1. "오직 이것을 기록함은 너희로 예수께서 하나님의 아들 그리스도이심을 믿게 하려 함이요 또 너희로 믿고 그 이름을 힘입어 생명을 얻게 하려 함이니라"라는 기록목적을 밝히고 있는 복음서는 무엇인가?
   (1) 마태복음 (2) 마가복음 (3) 누가복음 (4) 요한복음

2. 다음 중 요한복음에 나오지 않는 기적 사건은 무엇인가?
   (1) 중풍 병자를 고친 사건 (2) 38년 된 병자를 고친 사건
   (3) 오병이어의 기적 (4) 죽은 나사로를 살린 사건

3. 다음 중 네 복음서 모두에 나오는 것은 무엇인가?
   (1) 성전을 정화한 사건 (2) 예수 탄생 이야기
   (3) 포도원 품꾼의 비유 (4) 변화산상 이야기

4. 요한복음 7장에서 예수를 반대하는 자들을 향해 "우리 율법은 사람의 말을 듣고 그 행한 것을 알기 전에 심판하느냐?"고 반문한 사람은 누구인가?
   (1) 니고데모 (2) 아리마대 요셉
   (3) 베드로 (4) 나사로

5. 요한복음에서 예수께서는 날 때부터 맹인 된 사람에게 어디에 가서 씻으라고 명하셨는가?
   (1) 베데스다 못 (2) 요단강 (3) 갈릴리 바다 (4) 실로암 못

6. 죽은 나사로를 살리신 이야기에서 예수를 '그리스도'와 '세상에 오시는 하나님의 아들'로 믿는다고 고백한 사람은 누구인가?
   (1) 마리아 (2) 마르다 (3) 바리새인 (4) 나사로

7. 요한복음 12장 13절에 의하면 무리들은 예루살렘에 입성하시는 예수를 맞으며 "종려나무 가지를 가지고 맞으러 나가 외치되 호산나 찬송하리로다 주의 이름으로 오시는 이" 곧 누구라고 환호하였는가?
   (1) 그리스도 (2) 이스라엘의 왕
   (3) 세상의 구주 (4) 하나님의 아들

8. 다음 중 네 복음서 모두에 나오는 사건은 무엇인가?
   (1) 오병이어로 오천 명을 먹이심
   (2) 가이사랴 빌립보 지방에서의 베드로의 고백
   (3) 평지설교
   (4) 엠마오로 가던 두 제자에게 나타나심

완성형

1. 말씀이 (　　　)이(가) 되어 우리 가운데 거하시매 우리가 그의 영광을 보니 아버지의 독생자의 영광이요 은혜와 진리가 충만하더라(요1:14).

2. 그가 밤에 예수께 와서 이르되 랍비여 우리가 당신은 하나님께로부터

오신 선생인 줄 아나이다 하나님이 함께 하시지 아니하시면 당신이 행하시는 이 (　　　)을(를) 아무도 할 수 없음이니이다(요3:2).

3. 나는 하늘에서 내려온 살아 있는 떡이니 사람이 이 떡을 먹으면 영생하리라 내가 줄 떡은 곧 세상의 생명을 위한 내 (　　　)(이)니라 하시니라(요6:51).

4. 내가 진실로 진실로 너희에게 이르노니 한 알의 밀이 땅에 떨어져 죽지 아니하면 한 알 그대로 있고 죽으면 많은 (　　　)을(를) 맺느니라(요12:24).

5. 가서 너희를 위하여 (　　　)을(를) 예비하면 내가 다시 와서 너희를 내게로 영접하여 나 있는 곳에 너희도 있게 하리라(요14:3).

6. 영생은 곧 유일하신 참 하나님과 그가 보내신 자 예수 그리스도를 (　　　)는 것이니이다(요17:3).

7. 아리마대 사람 (　　　)은(는) 예수의 제자이나 유대인이 두려워 그것을 숨기더니 이 일 후에 빌라도에게 예수의 시체를 가져가기를 구하매 빌라도가 허락하는지라 이에 가서 예수의 시체를 가져가니라(요19:38).

(단답형)

1. 예수께 대해 "보라 세상 죄를 지고가는 하나님의 어린 양이로다"라고 선언한 사람은 누구인가? (요1:29) (　　　)

2. 예수께서는 "너희가 이 성전을 헐라 내가 사흘 동안에 일으키리라"고 말

쓰하셨는데 이 성전은 자신의 무엇을 가리키는 것인가? (요2:19) (   )

3. 요한복음의 오병이어의 기적 이야기에서 예수께서는 시험하기 위해서 누구에게 "우리가 어디서 떡을 사서 이 사람들을 먹이겠느냐?" 고 질문하셨는가? (요6:5) (   )

4. 예수께서 열두 제자들에게 "너희도 가려느냐?" 고 질문 했을 때에 "주여 영생의 말씀이 주께 있사오니 우리가 누구에게로 가오리이까" 라고 대답한 제자는? (요6:68) (   )

5. 보혜사가 오시면 죄에 대하여, 의에 대하여, 그리고 무엇에 대하여 세상을 책망하실 것인가? (요16:8) (   )

6. 요한복음에서 예수께서 돌아가실 때에 마지막으로 하신 말씀은 무엇인가? (요19:30) (   )

7. 예수께서 부활 후에 베드로를 다시 만나서 그를 회복시키실 때 "내 양을 치라" 는 말씀은 몇 번 하셨는가? (요21:16) (   )

진위형(O,X)

1. 침례 요한이 예수를 '하나님의 어린 양' 이라고 선언한 내용은 요한복음에만 나온다. (O , X)

2. 신약성경에서 '진리의 영' 이라는 성령에 대한 호칭은 요한복음에만 나타난다. (O , X)

3. 예수께서 제자들의 발을 씻기신 이야기는 요한복음에만 있다. (O , X)

4. 요한복음은 "영생은 곧 유일하신 참 하나님과 그가 보내신 자 예수 그리스도를 아는 것"이라고 한다. (O , X)

5. 요한복음에는 예수께서 십자가상에서 하신 "엘리 엘리 라마 사박다니"라는 말씀이 있다. (O , X)

6. 복음서들 중에서 '새 계명' 이라는 표현을 사용하는 것은 요한복음뿐이다. (O , X)

정 답

선택형

1.(4) 2.(1) 3.(1) 4.(1) 5.(4) 6.(2) 7.(2) 8.(1)

완성형

1.육신 2.표적 3.살 4.열매 5.거처 6.아 7.요셉

단답형

1.(침례)요한 2.육체 3.빌립 4.베드로 5.심판 6.다 이루었다 7.한 번

진위형

1.(O) 2.(X) 3.(O) 4.(O) 5.(X) 6.(O)

05 신약편 사도행전

Acts

선택형

1. 다음 중 예수님 승천 후 제자들이 모여서 가룟 유다 대신으로 제비를 뽑아 사도가 되게 할 때에 그 후보로 거론된 사람들의 이름이 아닌 것은 무엇인가? (행1:23)

   (1) 유두고 (2) 바사바 (3) 유스도 (4) 요셉

2. 베뢰아 사람을 잘못 설명한 것은 무엇인가? (행17:11-12)

   (1) 신사적이다 (2) 믿는 사람이 많다
   (3) 성경을 상고했다 (4) 희롱하기를 좋아한다

3. 바울이 로마에서 온 아굴라와 브리스길라 부부를 처음으로 만난 도시 이름은 무엇인가? (행18:1-2)

   (1) 고린도 (2) 아덴 (3) 에베소 (4) 데살로니가

4. 바울의 아레오바고 설교의 내용이 아닌 것은 무엇인가? (행17:22-31)

   (1) 알지 못하는 신 (2) 하나님의 창조
   (3) 예수의 십자가 죽음 (4) 예수의 부활

5. 스데반의 설교는 사도행전 몇 장에 있는가?

   (1) 5장 (2) 6장 (3) 7장 (4) 8장

6. 바울의 몸에서 손수건이나 앞치마를 가져다가 병든 사람에게 얹으면 그 병이 떠나고 악귀도 나가게 된 곳은 어디인가? (행19:12)
   (1) 안디옥 (2) 에베소 (3) 고린도 (4) 데살로니가

완성형

1. 그들이 이 말을 듣고 마음에 찔려 베드로와 다른 사도들에게 물어 이르되 형제들아 우리가 어찌할꼬 하거늘 베드로가 이르되 너희가 ( )하여 각각 예수 그리스도의 이름으로 침례를 받고 죄 사함을 받으라 그리하면 ( )의 선물을 받으리니 이 약속은 너희와 너희 자녀와 모든 먼 데 사람 곧 주 우리 하나님이 얼마든지 부르시는 자들에게 하신 것이라(행2:37-39).

2. 베드로와 사도들이 대답하여 이르되 사람보다 하나님께 ( )하는 것이 마땅하니라 너희가 나무에 달아 죽인 예수를 우리 조상의 하나님이 살리시고 이스라엘에게 회개함과 죄 사함을 주시려고 그를 오른손으로 높이사 임금과 구주를 삼으셨느니라 우리는 이 일에 증인이요 하나님이 자기에게 ( )하는 사람들에게 주신 성령도 그러하니라 하더라(행5:29-32).

3. 형제들아 너희 가운데 ( )과 지혜가 충만하여 칭찬 받는 사람 일곱을 택하라 우리가 이 일을 그들에게 맡기고 우리는 오로지 ( )하는 일과 ( )사역에 힘쓰리라 하니(행6:3-4).

4. 사울이 길을 가다가 다메섹에 가까이 이르더니 홀연히 하늘로부터 빛이 그를 둘러 비추는지라 땅에 엎드러져 들으매 소리가 있어 이르시되 사울아 사울아 네가 어찌하여 나를 박해하느냐 하시거늘 대답하되

(　　　)누구시니이까 이르시되 나는 네가 박해하는 (　　　)라(행 9:3-5).

5. 바나바는 착한 사람이요 성령과 (　　　)이 충만한 사람이라 이에 큰 무리가 주께 더하여지더라 바나바가 사울을 찾으러 다소에 가서 만나매 안디옥에 데리고 와서 둘이 교회에 일 년간 모여 있어 큰 무리를 가르쳤고 제자들이 안디옥에서 비로소 (　　　)이라 일컬음을 받게 되었더라(행11:24-26).

6. 안디옥 교회에 선지자들과 교사들이 있으니 곧 바나바와 니게르라 하는 시므온과 구레네 사람 루기오와 분봉 왕 헤롯의 젖동생 마나엔과 및 사울이라 주를 섬겨 (　　　)할 때에 성령이 이르시되 내가 불러 시키는 일을 위하여 바나바와 사울을 따로 세우라 하시니 이에 (　　　)하며 기도하고 두 사람에게 안수하여 보내니라(행13:1-3).

7. 바울아 두려워하지 말라 네가 (　　　)앞에 서야 하겠고 또 하나님께서 너와 함께 항해하는 자를 다 네게 주셨다 하였으니 그러므로 여러분이여 안심하라 나는 내게 말씀하신 그대로 되리라고 (　　　)을 믿노라(행27:24-25).

단답형

1. 기독교인들이 처음 '그리스도인'이라고 불린 도시는 무엇인가? (행11:26) (　　　)

2. 누가 에디오피아 내시에게 전도했는가? (행8:26-27) (　　　)

3. 사도행전에서 바울의 로마행 여정을 제외하면 그가 몇 번의 선교여행

을 하였다고 기록되어 있는가? (　　　)

4. 바울이 3년간 쉬지 않고 눈물로 각 사람을 훈계하던 곳은 어디인가? (행20:17) (　　　)

5. 바울이 제자들을 따로 세워 두란노 서원이라는 곳에서 두 해 동안 강론한 도시는 어디인가? (행19:8-10) (　　　)

진위형(O,X)

1. 예루살렘에서 바울이 체포되었을 때에 그는 빌라도 총독에게 심문을 받았다. (O , X)

2. 공회 중에서 "이 사상과 이 소행이 사람으로부터 났으면 무너질 것이요 만일 하나님께로부터 났으면 너희가 그들을 무너뜨릴 수 없겠고 도리어 하나님을 대적하는 자가 될까 하노라"라고 지적한 바리새인 율법 교사의 이름은 가말리엘이다(행5:34-39). (O , X)

3. 사도행전 6:1-6에 나타나는 예루살렘 교회 내의 두 파의 이름은 헬라파와 제사장파이다. (O , X)

4. 욥바에서 선행과 구제를 많이 하던 여제자로 베드로에 의해서 살아난 사람의 이름은 다비다 혹은 도르가이다. (O , X)

5. 베드로를 자신의 가정에 초청하여 말씀을 들은 로마의 백부장의 이름은 고넬료이다. (O , X)

6. 사도행전 5:34에 따르면 바리새인이며 율법교사로 모든 백성에게 존

경을 받을 뿐만 아니라 사도들을 변호하였던 사람은 가말리엘이었다. (O , X)

정 답

선택형

1.(1) 2.(4) 3.(1) 4.(3) 5.(3) 6.(2)

완성형

1.회개, 성령 2.순종, 순종 3.성령, 기도, 말씀 4.주여, 예수 5.믿음, 그리스도인 6.금식, 금식 7.가이사, 하나님

단답형

1.안디옥 2.빌립 3.세 번 4.에베소 5.에베소

진위형

1.(X) 2.(O) 3.(X) 4.(O) 5.(O) 6.(O)

06 신약편 로마서

Romans

선택형

1. 로마서 1장에서 사도 바울이 자신의 존재에 관하여 소개한 내용이 아닌 것은 무엇인가? (롬1장)
   (1) 예수 그리스도의 종 (2) 예수의 친구
   (3) 사도로 부르심을 받음 (4) 복음을 위해 택정됨

2. 악을 행하는 사람들을 판단하면서 같은 일을 행하는 사람들이 멸시하는 하나님의 성품에 포함되지 않는 것은 무엇인가? (롬2장)
   (1) 인자하심 (2) 용납하심 (3) 질투하심 (4) 길이 참으심

3. 바울이 지적한 아브라함의 믿음의 성격에 포함되지 않는 것은 무엇인가? (롬4장)
   (1) 의심하지 않음 (2) 믿음에 견고하여짐
   (3) 약속을 확신함 (4) 율법을 순종함

4. 바울은 인간의 마음을 감찰하시는 분이 누구의 생각까지도 아신다고 말하는가? (롬8장)
   (1) 성령 (2) 죄인 (3) 의인 (4) 양자

5. "그리스도는 모든 믿는 자에게 의를 이루기 위하여 율법의 마침이 되시니라"는 말씀이 들어있는 바울 서신은 무엇인가? (롬10장)
   (1) 갈라디아서 (2) 로마서 (3) 고린도후서 (4) 에베소서

6. 바울이 로마서 12장에서 제시하는 은사에 포함되지 않은 것은 무엇인가? (롬12장)
   (1) 방언 (2) 예언 (3) 섬기는 일 (4) 가르치는 자

7. 바울이 로마서 13장에서 그리스도인들이 피해야 할 행위의 목록에 들어 있지 않은 것은 무엇인가? (롬13장)
   (1) 무정과 무자비 (2) 방탕과 술취함
   (3) 음란과 호색 (4) 쟁투와 시기

8. 바울이 로마서 15장에서 이방인도 하나님의 긍휼하심을 인하여 구원을 얻게 하신다는 것을 증명하기 위하여 사용한 구약의 말씀이 포함되지 않은 성경은 무엇인가? (롬15장)
   (1) 신명기 (2) 시편 (3) 이사야 (4) 말라기

완성형

1. 그러므로 (　　　)의 행위로 그의 앞에 의롭다 하심을 얻을 육체가 없나니 율법으로는 (　　　)를 깨달음이니라(롬3:20).

2. 만일 우리가 그의 (　　　)과 같은 모양으로 연합한 자가 되었으면 또한 그의 (　　　)과 같은 모양으로 연합한 자도 되리라(롬6:5).

3. 누가 우리를 그리스도의 (　　　)에서 끊으리요 (　　　)이나 곤고나

박해나 기근이나 적신이나 위험이나 칼이랴(롬8:35).

4. 사람이 마음으로 믿어 (　　　)에 이르고 입으로 시인하여 (　　　)에 이르느니라(롬10:10).

5. 네 (　　　)가 주리거든 먹이고 목마르거든 마시게 하라 그리함으로 네가 (　　　)을 그 머리에 쌓아 놓으리라(롬12:20).

단답형

1. 복음을 통해 나타나서 믿음으로 믿음에 이르게 하는 것은 무엇인가? (롬1장) (　　　)

2. 바울은 그리스도께서 우리를 위하여 죽으심으로써 우리를 향하신 하나님의 무엇을 확증했다고 말하는가? (롬5장) (　　　)

3. 바울은 인간이 마음으로는 누구의 법을 섬기지만 육신으로는 죄의 법을 섬긴다고 말하는가? (롬7장) (　　　)

4. 바울이 토기장이 교훈에서 언급한 그릇에는 긍휼의 그릇과 무슨 그릇 두 가지가 대조적으로 언급되는가? (롬9장) (　　　)

5. 바울은 그리스도인들이 이 세대를 본받지 말고 무엇을 새롭게 함으로 변화를 받으라고 권유하는가? (롬11장) (　　　)

6. 바울은 로마서를 쓸 때 마게도냐와 아가야 성도들이 모금한 것을 어느 도시에 있는 교회에 전해주려는 계획을 갖고 있었는가? (롬15장) (　　　)

진위형(O,X)

1. 하나님께서 각 사람에게 그 행한대로 보응하시는 이유는 하나님께서 외모로 사람을 취하기 때문이다(롬2장). (O , X)

2. 바울은 그리스도인들이 환난 중에도 즐거워하는 이유는 환난은 인내를, 인내는 연단을, 연단은 소망을 이루기 때문이라고 말한다(롬5장). (O , X)

3. 바울은 그리스도인 안에 내재하시는 성령으로 말미암아 죄의 몸을 살리신다고 말한다(롬8장). (O , X)

4. 바울은 복음에 담긴 하나님의 비밀은 유대인의 충만한 수가 들어오기까지 이방인의 더러는 완악하게 되었다고 말한다(롬11장). (O , X)

5. 바울은 로마서 13장에서 관원들은 악한 일에 대해서가 아니라 선한 일에 대해서 두려움이 된다고 말한다(롬13장). (O , X)

6. 바울은 그리스도께서 죽었다가 다시 살으심으로 인하여 죽은 자와 산 자의 주가 되신다고 말한다(롬14장). (O , X)

정 답

선택형

1.(2) 2.(3) 3.(4) 4.(1) 5.(2) 6.(1) 7.(1) 8.(4)

완성형

1.율법, 죄 2.죽으심, 부활 3.사랑, 환난 4.의, 구원 5.원수, 숯불

단답형

1.하나님의 의 2.사랑 3.하나님 4.진노 5.마음 6.예루살렘

진위형

1.(X) 2.(0) 3.(X) 4.(X) 5.(X) 6.(0)

07 신약편

고린도전서

Corinthians I

선택형

1. 고린도교회에서 나뉘어진 파벌에 속하지 않는 사람은 누구인가? (고전1장)

(1) 바울 (2) 아볼로 (3) 바나바 (4) 게바

2. 바울이 고린도교회에 시기와 분쟁이 있는 것을 보고 그들이 무엇에 속한 사람들이라고 말하는가? (고전3장)

(1) 성령 (2) 육신 (3) 평화 (4) 기쁨

3. 바울이 고린도전서 9장에서 복음 전파의 대상에 포함되지 않는 사람들은 누구인가? (고전9장)

(1) 강한 자들 (2) 유대인들
(3) 율법 없는 자들 (4) 약한 자들

4. 바울은 이방인이 제사하는 것을 누구에게 하는 것이라고 말하는가? (고전10장)

(1) 성령 (2) 하나님 (3) 귀신 (4) 예수님

5. 바울이 고린도전서 12장에서 언급한 성령의 은사에 포함되지 않는 것은 무엇인가? (고전12장)

(1) 지혜의 말씀 (2) 묵시 (3) 예언 (4) 방언

6. 만일 그리스도께서 다시 살지 못했을 때 생기는 결과에 포함되지 않는 것은 무엇인가? (고전15장)
   (1) 전파도 헛됨 (2) 믿음도 헛됨
   (3) 죄 가운데 있음 (4) 영생을 얻음

완성형

1. ( )의 도가 멸망하는 자들에게는 미련한 것이요 구원을 받는 우리에게는 하나님의 ( )이라(고전1:18).

2. 우리 하나님의 성령 안에서 ( )과 ( )과 의롭다 하심을 받았느니라(고전6:11).

3. 내가 ( )을 위하여 모든 것을 행함은 ( )에 참여하고자 함이라(고전9:23).

4. ( )을 말하는 자는 자기의 덕을 세우고 예언하는 자는 ( )의 덕을 세우나니(고전14:4).

5. ( )이 한사람으로 말미암았으니 죽은 자의 ( )도 한 사람으로 말미암는도다(고전15:21).

단답형

1. 바울은 그리스도께서 자기를 보내심은 침례를 주게 하려는 것이 아니라 오직 무엇을 권하게 하려는 것이라고 말하는가? (고전1장) (　　　)

2. 바울은 복음을 맡은 자들에게 요구할 것은 무엇이라고 말하는가? (고전4장) (　　　)

3. 바울은 주 안에서 부르심을 받은 자는 종이라도 주님께 속한 어떤 존재라고 말하는가? (고전7장) (　　　)

4. 바울은 주의 만찬에서 떡을 먹고 잔을 마실 때 마다 주님의 무엇을 오실 때까지 전하는 것이라고 말하는가? (고전11장) (　　　)

5. 바울은 그리스도께서 우리 죄를 위해 죽으신 것은 무엇대로 이루어진 일이라고 말하는가? (고전15장) (　　　)

6. 바울은 혈과 육은 무엇을 유업으로 받을 수 없다고 말하는가? (고전15장) (　　　)

진위형(O,X)

1. 바울에게 고린도 교회의 분별에 관하여 알려준 사람들은 글로에의 집 사람들이었다(고전1장). (O , X)

2. 바울은 하나님의 나라는 말에 있지 않고 오직 방언과 은사에 있다고 말한다(고전4장).

3. 바울은 우상의 제물을 먹음으로 약한 양심을 상하게 하는 것이 곧 그리스도에게 죄를 짓는 것이라고 말한다(고전8장). (O , X)

4. 바울은 사랑은 모든 것을 참으며 모든 것을 믿으며 모든 것을 바라며 모든 것을 견디는 것이라고 말한다(고전13장). (O , X)

5. 바울은 신령한 것을 사모하되 특별히 교회의 덕을 세우기 위하여 방언을 하라고 말한다(고전13장). (O , X)

정 답

선택형

1.(3) 2.(2) 3.(1) 4.(3) 5.(2) 6.(4)

완성형

1.십자가, 능력 2.씻음, 거룩함 3.복음, 복음 4.방언, 교회 5.사망, 부활

단답형

1.복음 2.충성 3.자유인 4.죽으심 or 죽음 5.성경 6.하나님의 나라

진위형

1.(0) 2.(X) 3.(0) 4.(0) 5.(X)

08 신약편 고린도후서

Corinthians Ⅱ

선택형

1. 바울은 하나님이 예수 그리스도의 얼굴에 있는 하나님의 무엇을 아는 빛을 우리 마음에 비추셨다고 말하는가? (고후4장)

   (1) 지식 (2) 영광 (3) 지혜 (4) 은사

2. 바울은 우리가 다 반드시 그리스도의 무엇 앞에 드러나 그 몸으로 행한 것을 따라 받을 것이라고 말하는가? (고후5장)

   (1) 집 (2) 성전 (3) 심판대 (4) 하늘

3. 바울이 고린도후서 6장에서 언급한 것으로서 하나님의 일꾼들이 받는 고난에 포함되지 않는 것은 무엇인가? (고후6장)

   (1) 매맞음 (2) 갇힘 (3) 궁핍 (4) 파도침

4. 바울이 환난의 많은 시련 가운데서도 풍성한 연보를 한 교회는 어느 지역에 있는 교회였는가? (고후8장)

   (1) 마게도냐 (2) 아시아 (3) 유다 (4) 갈릴리

5. 바울이 십 사년 전에 경험했던 것에 포함되지 않는 것은 무엇인가? (고후12장)

   (1) 환상과 계시 (2) 셋째 하늘 (3) 영적 싸움 (4) 낙원

완성형

1. 그가 또한 우리에게 인치시고 보증으로 우리(　　　)에 (　　　)을 주셨느니라(고후1:22).

2. 그런즉 (　　　)은 우리 안에서 역사하고 (　　　)은 너희 안에서 역사하느니라(고후4:12).

3. 이르시되 내가 (　　　)베풀 때에 너에게 듣고 (　　　)의 날에 너를 도왔다 하셨으니(고후6:2).

4. 하나님의 (　　　)과 (　　　)이 어찌 일치가 되리요 우리는 살아 계신 하나님의 성전이라(고후6:16).

5. 사도의 표가 된 것은 내가 너희 가운데서 모든 참음과 (　　　)과 기사와 (　　　)을 행한 것이라(고후12:12).

단답형

1. 바울은 그리스도인들을 가리켜 구원 얻는 자들에게나 망하는 자들에게나 하나님 앞에서 그리스도의 무엇이라고 말하는가? (고후2장) (　　　)

2. 바울은 누구든지 그리스도 안에 있으면 새로운 무슨 존재가 되었다고 말하는가? (고후5장) (　　　)

3. 바울은 고린도 교인들에 대하여 무엇으로 그들을 근심하게 한 것을 후회했지만 지금은 후회하지 않는다고 말하는가? (고후7장) (　　　)

4. 바울의 반대자들은 바울에 대하여 그의 편지들은 중하고 힘이 있지만 무엇으로 대할 때는 약하고 말이 시원하지 않다고 말했는가? (고후10장) (　　　)

5. 바울은 십 사년 전에 경험했던 주의 환상과 계시를 어디에 이끌려간 것으로 말하는가? (고후12장) (　　　)

진위형(O,X)

1. 바울은 그리스도의 복음을 위하여 예루살렘에 갔을 때 주 안에서 문이 그에게 열렸다고 말한다(고후2장). (O , X)

2. 바울은 주는 영이시니 주의 영이 계신 곳에는 자유함이 있다고 말한다(고후3장). (O , X)

3. 바울은 우리가 아담으로 말미암아 하나님이 우리를 자기와 화목하게 하셨다고 말한다(고후5장). (O , X)

4. 바울은 하나님의 뜻대로 하는 근심은 후회할 것이 없는 구원에 이르게 하는 회개를 이루는 것이라고 말한다(고후7장). (O , X)

5. 바울은 우리의 싸우는 병기는 육체에 속한 것이 아니요 오직 하나님 앞에서 견고한 진을 파하는 강력이라고 말한다(고후10장). (O , X)

정 답

선택형

1.(2) 2.(3) 3.(4) 4.(1) 5.(3)

완성형

1.마음, 성령 2.사망, 생명 3.은혜, 구원 4.성전, 우상 5.표적, 능력

단답형

1.향기 2.피조물 3.편지 4.몸 5.낙원

진위형

1.(X) 2.(0) 3.(X) 4.(0) 5.(0)

09 신약편 갈라디아서

Galatians

선택형

1. 바울은 예수 그리스도의 계시를 받은 후에 어디에 갔다가 다메섹으로 돌아갔는가? (갈1장)

   (1) 로마 (2) 고린도 (3) 마게도냐 (4) 아라비아

2. 바울이 말한 예루살렘 교회의 삼대 기둥에 포함되지 않는 사람은 누구인가? (갈2장)

   (1) 바나바 (2) 야고보 (3) 게바 (4) 요한

3. 야고보에게서 온 어떤 사람들이 안디옥에 왔을 때 바울은 거기서 누구를 책망했는가? (갈2장)

   (1) 바나바 (2) 게바 (3) 디모데 (4) 디도

4. 바울은 율법이 우리를 그리스도에게로 인도하는 어떤 존재라고 말하는가? (갈1장)

   (1) 선교사 (2) 교사 (3) 사도 (4) 몽학선생

5. 바울이 말한 성령의 열매에 속하지 않은 것은 무엇인가? (갈5장)

   (1) 육신 (2) 사랑 (3) 희락 (4) 화평

완성형

1. 내가 율법으로 말미암아 ( )에 대하여 죽었나니 이는 ( )에 대하여 살려 함이라(갈2:19).

2. ( )의 행위로써는 의롭다 함을 얻을 ( )가 없느니라(갈2:16).

3. 너희에게 ( )을 주시고 너희 가운데서 능력을 행하시는 이의 일이 ( )의 행위에서냐 혹은 듣고 믿음에서냐(갈3:5).

4. ( )이 온 후로는 우리가 ( )아래에 있지 아니하도다(갈3:25).

5. 그리스도 예수의 사람들은 ( )와 함께 그 정욕과 탐심을 ( )에 못 박았느니라(갈5:24).

단답형

1. 바울이 계시를 받은 후 게바를 만나려고 예루살렘에 갔을 때 주의 형제 누구를 만났는가? ( )

2. 바울은 만일 의롭게 되는 것이 율법으로 말미암으면 누가 헛되이 죽으셨다고 말하는가? ( )

3. 바울은 믿음으로 말미암은 자들은 누구의 아들인 줄 알 것이라고 말하는가? ( )

4. 바울은 우리도 어렸을 때에는 이 세상의 무엇 아래 있어서 종노릇 했

다고 말하는가? (   )

5. 바울은 만일 그리스도인들이 성령의 인도하시는 바가 되면 무엇 아래 있지 않다고 말하는가? (   )

진위형(O,X)

1. 바울은 야고보가 안디옥에 이르렀을 때에 책망할 일이 있기로 그를 면책했다고 말한다(갈2장). (O , X)

2. 바울은 사람이 의롭게 되는 것은 율법의 행위에서 난 것이 아니라 오직 예수 그리스도를 믿음으로 말미암는다고 말한다(갈3장). (O , X)

3. 바울은 그리스도께서 우리를 위하여 저주를 받은바 돼서 율법의 저주에서 우리를 속량했다고 말한다(갈3장). (O , X)

4. 바울은 누구든지 그리스도와 합하여 침례를 받은 자는 아담으로 옷 입었다고 말한다(갈3장). (O , X)

5. 바울은 그리스도인들이 짐을 서로 지면 그리스도의 법을 성취하는 것이라고 말한다(갈5장). (O , X)

정 답

선택형

1.(4) 2.(1) 3.(2) 4.(4) 5.(1)

완성형

1.율법, 하나님 2.율법, 육체 3.성령, 율법 4.믿음, 초등교사 5.육체, 십자가

단답형

1.야고보 2.그리스도 3.아브라함 4.초등학문 5.율법

진위형

1.(X) 2.(0) 3.(0) 4.(X) 5.(0)

10 신약편 에베소서

Ephesians

선택형

1. 에베소서 1장에 나오는 우리의 예정과 관계된 설명이 아닌 것은 무엇인가?
   (1) 창세 전에 택하심 (2) 그리스도 예수 안에서 택하심
   (3) 그 기쁘신 뜻대로 예정하심 (4) 믿음을 따라 예정하심

2. 우리는 어떻게 약속의 성령의 인치심을 받게 되었는가?
   (1) 예정에 따라서 (2) 복음을 듣고 믿음으로써
   (3) 은혜로 말미암아 (4) 간구함으로

3. 허물과 죄로 죽었던 상태에 대한 설명이 아닌 것은 무엇인가?
   (1) 세상 풍조를 따름 (2) 공중의 권세잡은 자를 따름
   (3) 육체와 마음의 원하는 것을 행함 (4) 육체와 성령 사이에서 갈등함

4. 에베소 교회 성도들이 받은 구원에 대한 묘사가 아닌 것은 무엇인가?
   (1) 그리스도와 함께 살리셨다
   (2) 그리스도 예수 안에서 함께 하늘에 앉히셨다
   (3) 은혜로 구원을 받았다
   (4) 그리스도 예수 안에서 함께 하늘에 앉게 될 것이다

5. 에베소서 4장에 나오는 '만유의 아버지' 이신 하나님에 대한 묘사가 아닌 것은 무엇인가?
   (1) 만유 위에 계심
   (2) 만유를 통일하심
   (3) 만유 가운데 계심
   (4) 만유보다 뛰어나심

6. 바울은 에베소 교인들에게 자신을 위해서 무엇을 기도해 달라고 부탁 했는가?
   (1) 성령의 충만하도록
   (2) 복음의 비밀을 담대히 알리도록
   (3) 감옥에서 풀려나도록
   (4) 마음의 평안을 위해서

완성형

1. 하나님 우리 아버지와 주 예수 그리스도로부터 은혜와 (   )이 너희에게 있을지어다(엡1:2).

2. 그는 허물과 (   )로 죽었던 너희를 살리셨도다(엡2:1).

3. 평안의 매는 줄로 (   )이 하나 되게 하신 것을 힘써 지키라(엡4:3).

4. 오직 너희의 심령이 새롭게 되어 하나님을 따라 의와 진리의 거룩함으로 지으심을 받은 (   )을 입으라(엡4:23-24).

5. 우리의 씨름은 (   )을 상대하는 것이 아니요 통치자들과 권세들과 이 어둠의 세상 주관자들과 하늘에 있는 악의 영들을 상대함이라(엡6:12).

단답형

1. 우리는 무엇으로 인치심을 받았는가? (　　　)

2. 하나님께서 교회의 머리로 삼으신 분은 누구인가? (　　　)

3. 전에는 하나님에게서 멀리 있던 우리가 이제는 무엇으로 하나님께 가까워졌는가? (　　　)

4. 전신갑주에서 허리띠가 상징하는 것은 무엇인가? (　　　)

5. 에베소 교회에 바울의 사정을 전달하는 사람은 누구인가? (　　　)

진위형(O,X)

1. 속량은 죄 사함을 의미한다. (O , X)

2. 상속자는 우리가 아니라 예수님 한분이시다. (O , X)

3. 구원이 선물인 이유는 자랑하지 못하게 하기 위함이다. (O , X)

4. 에베소서에 의하면 예수님은 율법을 폐하시지 않으셨다. (O , X)

5. 분을 내더라도 해가 지도록 분을 품으면 안된다. (O , X)

정 답

선택형

1.(4) 2.(2) 3.(4) 4.(4) 5.(4) 6.(2)

완성형

1.평강 2.죄 3.성령 4.새 사람 5.혈과 육

단답형

1.약속의 성령 2.예수님 3.그리스도의 피 4진리 5.두기고

진위형

1.(O) 2.(X) 3.(O) 4.(X) 5.(O)

11 신약편 빌립보서

Philippians

선택형

1. 다음 중 빌립보서의 수신자가 아닌 것은 누구인가?
   (1) 모든 성도　(2) 감독들　(3) 집사들　(4) 선지자들

2. 자식이 아버지를 대함 같이 바울과 함께 복음을 위해서 수고를 한 사람은 누구인가?
   (1) 유오디이　(2) 순두게　(3) 디모데　(4) 디도

3. 바울이 말한 육체의 자랑에 속하지 않는 것은 무엇인가?
   (1) 팔일 만에 할례를 받음　(2) 히브리인 중의 히브리인
   (3) 열심히 교회를 박해하던 자　(4) 로마의 시민권자

4. "내게 능력 주시는 자 안에서 내가 모든 것을 할 수 있느니라"(빌4:13)는 구절의 올바른 의미는 무엇인가?
   (1) 기도하는 자는 능치 못할 일이 없다
   (2) 어떤 상황에서도 자족할 수 있다
   (3) 나에게 불가능은 없다
   (4) 믿음은 세상을 이긴다

5. 바울이 빌립보서에서 가장 많이 강조하는 것은 무엇인가?
(1) 믿음 (2) 사랑 (3) 기쁨 (4) 인내

완성형

1. 너희 안에서 ( )을 시작하신 이가 그리스도 예수의 날까지 이루실 줄을 우리는 확신하노라(빌1:6).

2. 내가 예수 그리스도의 ( )으로 너희 무리를 얼마나 사모하는지 하나님이 내 증인이시니라(빌1:8).

3. 오직 너희는 그리스도의 ( )에 합당하게 생활하라(빌1:27).

4. 만일 너희 믿음의 제물과 섬김 위에 내가 나를 ( )로 드릴지라도 나는 기뻐하고 너희 무리와 함께 기뻐하리니(빌2:17).

5. 하나님의 성령으로 봉사하며 그리스도 예수로 자랑하고 육체를 신뢰하지 아니하는 우리가 곧 ( )라(빌3:3).

단답형

1. 빌립보서에서 바울이 '한 마음,' '한 뜻,' '같은 마음,' '같은 사랑' 등을 강조하면서 궁극적으로 누구의 마음을 품으라고 권면하고 있는가? ( )

2. 바울은 빌립보 교회의 사정을 알아보기 위해서 누구를 보내려고 했는가? ( )

3. 바울이 빌립보서에서 "나의 형제요 함께 수고하고 함께 군사 된 자요 너희 사자"라고 표현한 사람은 누구인가? (　　　)

4. 바울은 율법으로는 어느 파에 속했었는가? (　　　)

5. 빌립보 교회는 바울이 어디에 있을 때 두 번 쓸 것을 보내주었는가? (　　　)

진위형(O,X)

1. 빌립보서는 옥중서신이다. (O , X)

2. 바울은 빌립보서에서 죽음에 대한 두려움을 보여준다. (O , X)

3. 바울은 옥에 갇힌 바울을 더욱 괴롭게 하려고 복음을 전파하는 자들에 대해서 비판한다. (O , X)

4. 바울은 율법으로는 흠이 없는 자였다고 말했다. (O , X)

5. 바울은 자신의 의가 아브라함의 자손으로서 얻은 의라고 말한다. (O , X)

정 답

선택형

1.(4) 2.(3) 3.(4) 4.(2) 5.(3)

완성형

1.착한 일 2.심장 3.복음 4.전제 5.할례파

단답형

1.그리스도 예수의 마음 2.디모데 3.에바브로디도 4.바리새파 5.데살로니가

진위형

1.(O) 2.(X) 3.(X) 4.(O) 5.(X)

12 신약편 골로새서

Colossians

선택형

1. 바울이 골로새 성도들로 인한 감사(골1:3-5)의 제목이 아닌 것은 무엇인가?

(1) 너희의 믿음 (2) 성도에 대한 사랑
(3) 고난에 대한 인내 (4) 하늘에 쌓아 둔 소망

2. 골로새서에 나타난 하나님의 아들에 대한 묘사가 아닌 것은 무엇인가?

(1) 보이지 아니하는 하나님의 형상 (2) 모든 피조물보다 먼저 나신 이
(3) 만물이 그에게서 창조 됨 (4) 하나님의 품 안에 있던 말씀

3. 골로새서에서 헬라인과 유대인, 할례파와 무할례파, 야만인이나 스구디아인 등의 차별을 부정하는 근거로 들고 있는 것은 무엇인가?

(1) 그리스도는 만유시다 (2) 그리스도는 평화이시다
(3) 그리스도는 구원이시다 (4) 그리스도는 사랑이시다

4. 골로새서에서 가장 많이 등장하는 유비(빗대어 설명하는 것)는 무엇인가?

(1) 옷의 유비 (2) 몸의 유비 (3) 새 술의 유비 (4) 씨앗의 유비

5. 바울과 함께 옥에 갇힌 사람이 아닌 것은 누구인가?
   (1) 아리스다고 (2) 바나바 (3) 마가 (4) 유스도

완성형

1. 그는 몸인 교회의 ( )시라(골1:18).

2. 나는 이제 너희를 위하여 받는 괴로움을 기뻐하고 그리스도의 남은 고난을 그의 몸된 ( )를 위하여 내 육체에 채우노라(골1:24).

3. 그러므로 너희가 그리스도와 함께 살리심을 받았으면 ( )을 찾으라 거기는 그리스도께서 하나님 우편에 앉아 계시느니라(골3:1).

4. 그리스도의 ( )이 너희 마음을 주장하게 하라 너희는 평강을 위하여 한 몸으로 부르심을 받았나니 너희는 또한 감사하는 자가 되라(골3:15).

5. 기도를 계속하고 기도에 ( )으로 깨어 있으라(골4:2).

단답형

1. 골로새서에 의하면 하나님은 무엇으로 화평을 이루셨는가? ( )

2. 골로새서에 의하면 성도들은 손으로 한 할례가 아닌 무슨 할례를 받았다고 하는가? ( )

3. 골로새서가 말하는 온전하게 매는 띠는 무엇인가? (   )

4. 바울은 골로새서를 다 읽은 후에 어느 교회에서도 읽게 하라고 말하는가? (   )

5. 주 안에서 받은 직분을 삼가 이루라는 권면은 누구에게 대한 것인가? (   )

진위형(O,X)

1. 골로새서에서 말하는 감추었던 비밀은 그리스도이다. (O , X)

2. 안식일 문제는 골로새 교회의 문제가 아니다. (O , X)

3. 골로새 교회에는 천사숭배의 문제가 있었다. (O , X)

4. 오네시모는 골로새 교회 출신이다. (O , X)

5. 골로새서에는 바울의 친필 문안이 포함되어 있다. (O , X)

정 답

선택형

1.(3) 2.(4) 3.(1) 4.(2) 5.(2)

완성형

1.머리 2.교회 3.위의 것 4.평강 5.감사함

단답형

1.십자가의 피 2.그리스도의 할례 3.사랑 4.라오디게아 교회 5.아킵보

진위형

1.(O) 2.(X) 3.(O) 4.(O) 5.(O)

13 신약편 데살로니가전서

Thessalonian Ⅰ

선택형

1. 다음 중 데살로니가 전서의 발신자가 아닌 것은 누구인가?
   (1) 바울　(2) 디모데　(3) 실루아노　(4) 디도

2. 바울이 기도할 때마다 기억한다고 했던 데살로니가 교회의 모습이 아닌 것은 무엇인가?
   (1) 믿음의 역사　(2) 사랑의 수고
   (3) 소망의 인내　(4) 은혜의 선물

3. 바울이 데살로니가 교회에 보낸 사람은 누구인가?
   (1) 실루아노　(2) 디모데　(3) 에바브라　(4) 디도

4. 다음 중 데살로니가 전서의 주요 내용이 아닌 것은 무엇인가?
   (1) 주의 강림　(2) 죽은 자들의 부활
   (3) 깨어있음　(4) 율법으로부터의 자유

5. 데살로니가 전서에 있는 바울의 마지막 권면이 아닌 것은 무엇인가?
   (1) 너희끼리 화목하라　(2) 항상 기뻐하라
   (3) 범사에 감사하라　(4) 신으로 악을 이기거라

완성형

1. 우리의 소망이나 기쁨이나 자랑의 면류관이 무엇이냐 그가 강림하실 때 우리 주 예수 앞에 (   )가 아니냐(살전2:19).

2. 하나님의 뜻은 이것이니 너희의 (   )이라(살전4:3).

3. 그들이 평안하다, 안전하다 할 그 때에 임신한 여자에게 (   )이 이름과 같이 멸망이 갑자기 그들에게 이르리니 결코 피하지 못하리라(살전5:3).

4. 범사에 헤아려 좋은 것을 취하고 (   )은 어떤 모양이라도 버리라(살전5:21-22).

5. 평강의 하나님이 친히 너희를 온전히 거룩하게 하시고 또 너희의 온 (   )과 (   )과 (   )이 우리 주 예수 그리스도께서 강림하실 때에 흠 없게 보전되기를 원하노라(살전5:23).

단답형

1. 마게도냐와 아가야에 있는 모든 믿는 자의 본이 된 교회는 어디인가? (   )

2. 바울의 일생은 데살로니가에 들어가기 전에 어디에서 고난 받으며 사역했는가? (   )

3. 하나님을 기쁘시게 하는 생활 가운데 하나로 자기의 아내를 거룩함과

무엇으로 대하라고 하는가? (　　　)

4. 데살로니가 전서에서 '예수 안에서 자는 자들' 이라는 말은 무슨 뜻인가? (　　　)

진위형(O,X)

1. 예수님이 강림하실 때 죽은 자들보다 산 자들이 먼저 주를 영접한다. (O , X)

2. 우리는 재림하시는 예수님을 공중에서 영접하게 된다. (O , X)

3. 주님의 재림은 믿는 자들에게도 도둑같이 임한다. (O , X)

4. 데살로니가전서를 쓸 때 디모데는 바울 곁에 있었다. (O , X)

정 답

선택형

1.(4) 2.(4) 3.(2) 4.(4) 5.(4)

완성형

1.너희 2.거룩함 3.해산의 고통 4.악 5.영, 혼, 몸

단답형

1.데살로니가 교회 2.빌립보 3.존귀함 4.죽은 성도들

진위형

1.(X) 2.(O) 3.(X) 4.(O)

14 신약편 데살로니가 후서

Thessalonians Ⅱ

선택형

1. 다음 중 편지의 서두에 박해와 환난을 받는 것을 위로하고 있는 서신은 무엇인가?

   (1) 로마서 (2) 갈라디아서

   (3) 데살로니가전서 (4) 데살로니가후서

2. 주의 재림의 시기에 대한 문제로 어려움을 겪었던 교회에 보낸 서신은 무엇인가?

   (1) 골로새서 (2) 데살로니가후서

   (3) 히브리서 (4) 갈라디아서

완성형

1. 그 때에 불법한 자가 나타나리니 주 예수께서 그 입의 (   ) 으로 그를 죽이시고 강림하여 나타나심으로 폐하시리라(살후2:8).

단답형

1. 멸망의 아들이 나타나기 전에 일어나는 마지막 때의 징조는 무엇인가? (　　　)

2. 멸망의 아들을 다른 말로 무엇이라 표현하는가? (　　　)

진위형(O,X)

1. 데살로니가 후서에서 바울은 믿음은 모든 사람의 것이 아니라고 말한다. (O , X)

2. 바울은 데살로니가 후서에서 자신이 보낸 편지에서 한 말을 순종하지 않는 자를 지목해서 사귀지 말라고 명령한다. (O , X)

3. 불법의 사람은 자기를 하나님이라고 내세운다. (O , X)

정 답

선택형

1.(4) 2.(2)

완성형

1.기운

단답형

1.배교하는 일 2.불법의 사람

진위형

1.(O) 2.(O) 3.(O)

15 신약편 디모데전서

Timothy I

선택형

1. 바울은 디모데를 어떻게 불렀는가?
   (1) 참 제자　(2) 참 아들　(3) 참 성도　(4) 참 사도

2. 디모데전서는 어느 교회에 보낸 서신인가?
   (1) 빌립보　(2) 갈라디아　(3) 에베소　(4) 두아디라

3. 바울이 디모데를 에베소에 머물게 한 목적이 아닌 것은 무엇인가?
   (1) 다른 교훈을 가르치지 못하도록 하기 위해서
   (2) 신화에 몰두하지 못하도록 하기 위해서
   (3) 족보에 몰두하지 못하도록 하기 위해서
   (4) 신비주의에 빠지지 않도록 하기 위해서

4. 다음 중 감독의 자격에 해당하지 않는 것은 무엇인가?
   (1) 한 아내의 남편　(2) 술을 즐기지 않아야 한다
   (3) 자기 집을 잘 다스려야 한다　(4) 외부인과는 어울리지 않아야 한다

5. 다음 중 집사의 자격에 해당하지 않는 것은 무엇인가?
   (1) 일구이언해서는 안된다　(2) 술에 중독되어서는 안된다
   (3) 믿음의 비밀을 갖고 있어야 한다　(4) 세상 직업을 가져서는 안된다

6. 다음 중 부자들을 위한 권면이 아닌 것은 무엇인가?
   (1) 선한 사업을 많이 하게 하라　(2) 너그러운 자가 되게 하라
   (3) 나누어 주기를 좋아하게 하라　(4) 세상에서도 뛰어난 자가 되게 하라

완성형

1. 하나님은 한 분이시요 또 하나님과 사람 사이에 (　　　)도 한 분이시니 곧 사람이신 그리스도 예수라(딤전2:5).

2. 그러므로 각처에서 남자들이 분노와 다툼이 없이 (　　　)을 들어 기도하기를 원하노라(딤전2:8).

3. 하나님께서 지으신 모든 것이 선하매 감사함으로 받으면 버릴 것이 없나니 (　　　)로 거룩하여짐이라(딤전4:4-5).

4. 돈을 사랑함이 일만 악의 (　　　)가 되나니 이것을 탐내는 자들은 미혹을 받아 믿음에서 떠나 많은 근심으로써 자기를 찔렀도다(딤전6:10).

5. 오직 너 하나님의 사람아 이것들을 피하고 의와 경건과 믿음과 사랑과 인내와 온유를 따르며 믿음의 (　　　)을 싸우라(딤전6:11-12).

단답형

1. 바울이 마게도냐에 가면서 디모데에게 어디에 머물라고 했는가? (　　　)

2. 바울이 디모데 전서에서 믿음에 대해서 파선한 사람이라고 말하고 있는 두 사람은 누구인가? (　　　)

3. 금생과 내생에 약속있는 것은 무엇인가? (　　　)

4. 디모데가 장로의 회에서 안수 받을 때에 예언을 통하여 받은 것은 무엇인가? (　　　)

5. 바울은 디모데의 위장과 자주 나는 병을 위해 무엇을 조금씩 사용하라고 권하는가? (　　　)

진위형(O,X)

1. 바울은 디모데 전서에서 율법을 적법하세만 사용하면 선한 것이라고 말한다. (O , X)

2. 바울은 사람이 감독의 직분을 사모하는 것은 옳지 않다고 말한다. (O , X)

3. 바울은 음식물은 하나님께서 지으신 것이 아니므로 분별하여 섭취해야 한다고 말한다. (O , X)

4. 자기 가족을 돌보지 않는 자는 믿음을 배반한 자이다. (O , X)

5. 범죄한 사람이 있으면 은밀하게 권면해서 사람들에게 부끄러움을 당하지 않게 해야 한다. (O , X)

정 답

선택형

1.(2) 2.(3) 3.(4) 4.(4) 5.(4) 6.(4)

완성형

1.중보자 2.거룩한 손 3.하나님의 말씀과 기도 4.뿌리 5.선한 싸움

단답형

1.에베소 2.후메내오와 알렉산더 3.경건 4.은사 5.포도주

진위형

1.(O) 2.(X) 3.(X) 4.(O) 5.(X)

16 신약편 디모데후서

Timothy II

선택형

1. 바울은 디모데에게 어떤 사람들에게 말씀을 위탁하라고 권면하는가?
   (1) 지혜로운 사람 (2) 충성스러운 사람
   (3) 학식있는 사람 (4) 능력있는 사람

2. 바울이 디모데 후서에서 말하는 주인이 쓰시기에 합당한 그릇은 무엇인가?
   (1) 금 그릇 (2) 질 그릇 (3) 나무 그릇 (4) 깨끗한 그릇

3. 바울이 디모데에게 말한 주의 종의 모습이 아닌 것은 무엇인가?
   (1) 다투지 않는다
   (2) 모든 사람에 대하여 온유하다
   (3) 가르치기를 잘한다
   (4) 경건의 모양이 있다

4. 디모데후서에서 바울은 자신의 죽음을 구약의 제사 중에서 무엇과 비교하고 있는가?
   (1) 화목제 (2) 소제 (3) 전제 (4) 속죄제

5. 디모데후서에서 바울이 선한 싸움을 다 싸우고 믿음을 지킨 자신을 위하여 예비되었다고 말한 면류관은 무엇인가?
   (1) 생명의 면류관 (2) 의의 면류관
   (3) 승리의 면류관 (4) 영광의 면류관

완성형

1. 내가 이 복음을 위하여 ( )와 ( )와 ( )로 세우심을 입었노라(딤후1:11).

2. 너는 그리스도 예수의 좋은 병사로 나와 함께 ( )을 받으라(딤후2:3).

3. 내가 전한 복음대로 다윗의 ( )로 죽은 자 가운데서 다시 살아나신 예수그리스도를 기억하라(딤후2:8).

4. 무릇 그리스도 예수 안에서 경건하게 살고자 하는 자는 ( )를 받으리라(딤후3:12).

5. ( )은 능히 너로 하여금 그리스도 예수 안에 있는 믿음으로 말미암아 구원에 이르는 지혜가 있게 하느니라(딤후3:15).

단답형

1. 디모데에게 있는 하나님의 은사를 다시 불일듯 하게 하기 위해서 바

울은 디모데에게 무엇을 하고자 했는가? (　　　)

2. 바울이 사슬에 매인 것을 개의치 않고 로마로 찾아와서 바울을 만나 주었던 사람은 누구인가? (　　　)

3. 부활이 이미 지나갔다는 말로 사람들의 믿음을 무너뜨린 사람들은 누구인가? (　　　)

4. 바울은 디모데에게 누구를 데리고 오라고 말하는가? (　　　)

5. 바울이 디모데에게 가지고 오라고 부탁한 물건들은 무엇인가? (　　　)

진위형(O,X)

1. 부겔로와 허모게네는 바울의 신실한 동역자들이다. (O , X)

2. 바울이 매인 몸이 되자 하나님의 말씀도 매이게 되었다. (O , X)

3. 모든 성경이 하나님의 감동으로 된 것은 아니다. (O , X)

4. 마음이 부패한 것과 믿음은 상관이 없다. (O , X)

5. 그리스도 예수 안에서 경건하게 살려고 하는 사람에게 박해란 없다. (O , X)

정 답

선택형

1.(2) 2.(4) 3.(4) 4.(3) 5.(2)

완성형

1.선포자, 사도, 교사 2.고난 3.씨 4.박해 5.성경

단답형

1.안수 2.오네시보로 3.후메내오와 빌레도 4.마가 5.겉옷과 가죽 종이에 쓴 책

진위형

1.(X) 2.(X) 3.(X) 4.(X) 5.(X)

17 신약편 디도서

Titus

선택형

1. 디도가 머물러 있는 곳은 어디인가?
   (1) 밀레도 (2) 그레데 (3) 에베소 (4) 고린도

2. 바울은 할례파에 대해서 디도에게 어떻게 하라고 권면하고 있는가?
   (1) 엄히 꾸짖으라 (2) 멀리하라
   (3) 내쫓으라 (4) 온유하게 권면하라

3. 다음 중 할례파에 대한 설명이 아닌 것은 무엇인가?
   (1) 마음과 양심이 더럽다
   (2) 더러운 이득을 취하려고 잘못된 것을 가르친다
   (3) 가증한 자들이다
   (4) 하나님을 입으로도 시인하고 행위로도 시인한다

완성형

1. 그가 우리를 대신하여 자신을 주심은 모든 불법에서 우리를 속량하시고 우리를 깨끗하게 하사 선한 일을 열심히 하는 (　　　)이 되게 하려 하심이라(딛2:14).

2. 우리를 구원하시되 우리가 행한 바 의로운 행위로 말미암지 아니하고 오직 그의 긍휼하심을 따라 (　　　)과 (　　　)으로 하셨나니(딛3:5).

단답형

1. 바울이 겨울을 보내기로 한 곳은 어디인가? (　　　)

진위형(O,X)

1. 이단에 속한 사람은 돌이킬 때까지 계속해서 권면해야 한다. (O , X)

정 답

선택형

1.(2) 2.(1) 3.(4)

완성형

1.자기 백성 2.중생의 씻음, 성령의 새롭게 하심

단답형

1.니고볼리

진위형

1.(X)

18 신약편 빌레몬서

Philemon

선택형

1. 빌레몬서의 수신인이 아닌 것은 누구인가?

(1) 빌레몬 (2) 아킵보 (3) 압비아 (4) 디모데

2. 바울은 오네시모를 어떻게 부르고 있는가?

(1) 참 아들 (2) 갇힌 중에서 낳은 아들

(3) 불쌍한 아들 (4) 신실한 일꾼

완성형

1. 이후로는 종과 같이 대하지 아니하고 종 이상으로 곧 사랑 받는 (　　　) 로 둘 자라 내게 특별히 그러하거든 하물며 육신과 주 안에서 상관된 네게랴(몬1:16).

단답형

1. 빌레몬서는 바울이 누구를 위하여 기록한 서신인가? (　　　)

진위형(O,X)

1. 바울은 빌레몬에게 담대하게 명령하고 있다. (O , X)

정 답

선택형

1.(4) 2.(2)

완성형

1.형제

단답형

1.오네시모

진위형

1.(X)

19 신약편 히브리서, 야고보서, 베드로전·후서

Hebrews, James, Peter Ⅰ·Ⅱ

선택형

1. 히브리서 5장에서 제사장직으로 예수님과 비교된 사람은 누구인가?
   (1) 노아　(2) 멜기세덱　(3) 아론　(4) 아브라함

2. 히브리서 11장에 진술된 믿음의 사람과 그들이 얻은 결과가 서로 잘못 연결된 것은 무엇인가? (히11:4-11)
   (1) 아벨 – 의로운 자라 하시는 증거를 얻었다
   (2) 사라 – 하나님을 기쁘시게 하는 자라 하는 증거를 받았다
   (3) 노아 – 세상을 정죄하고 믿음을 좇는 의의 후사가 되었다
   (4) 아브라함 – 하나님의 경영하시고 지으실 터가 있는 성을 바랐다

3. "손님 대접하기를 잊지 말라 이로써 부지중에 누구를 대접한 이들이 있었다"라고 말하고 있는가? (히13:2)
   (1) 의인　(2) 죄인　(3) 천사　(4) 예수

4. 야고보서에 나타나는 맹세에 대한 가르침 중 아닌 것은? (약5:12)
   (1) 하늘로 맹세하지 말라
   (2) 땅으로 맹세하지 말라
   (3) 주의 이름으로 맹세하지 말라
   (4) 오직 그렇다하는 것은 그렇다하고 아니라 하는 것은 아니라 하라

5. “행함이 없는 믿음은 그 자체가 죽은 것이라”라는 말씀은 어디에 기록되어있는가?

(1) 야고보서 1:27 (2) 야고보서 2:3

(3) 야고보서 2:17 (4) 야고보서 3:5

6. “모든 육체는 풀과 같고 그 모든 영광은 꽃과 같으니 풀은 마르고 꽃은 떨어지되 오직 ( )은 세세토록 있도다”라는 말씀에서 괄호 안에 들어가는 단어는 무엇인가? (벧전1:24-25)

(1) 주의 능력 (2) 주의 말씀 (3) 주의 영광 (4) 주의 소망

7. “성경의 모든 예언을 사사로이 풀 것이 아니다”라는 말씀이 기록된 성경의 책은 무엇인가?

(1) 요한일서 (2)베드로전서 (3) 디모데후서 (4) 베드로후서

8. 베드로전서에 따르면 박해에 대한 교훈에서 주의 모습을 묘사하고 있는 것 중에서 바르지 못한 것은 무엇인가? (벧전3:12)

(1) 눈은 의인을 향하시고 (2) 귀는 저의 간구에 기울이시고

(3) 손은 저의 아픔을 만지시고 (4) 얼굴은 악행 하는 자들을 향하신다

9. 베드로후서에 기술한 내용 중에서 하나님께서 경건한 자들을 구원하시고 불의한 자들을 심판하실 것을 보여 준 세 가지 예 중 아닌 것은 무엇인가? (벧후2:4-6)

(1) 노아와 홍수 (2) 소돔과 고모라 (3) 롯 (4) 욥

완성형

1. 그러므로 만물이 그를 위하고 또한 그로 말미암은 이가 많은 아들들을 이끌어 영광에 들어가게 하시는 일에 그들의 구원의 (　　　)를 (　　　)을 통하여 온전하게 하심이 합당하도다(히2:10).

2. 하나님의 (　　　)은 살아 있고 활력이 있어 좌우에 날선 어떤 검보다도 예리하여 혼과 영과 및 관절과 골수를 찔러 쪼개기까지 하며 또 마음의 생각과 뜻을 판단하나니 지으신 것이 하나도 그 앞에 나타나지 않음이 없고 우리의 (　　　)을 받으실 이의 눈 앞에 만물이 벌거벗은 것 같이 드러나느니라(히4:12-13).

3. 한번 죽는 것은 사람에게 정해진 것이요 그 후에는 (　　　)이 있으리니 이와 같이 그리스도도 많은 사람의 죄를 담당하시려고 단번에 드리신 바 되셨고 (　　　)에 이르게 하기 위하여 죄와 상관없이 자기를 바라는 자들에게 두 번째 나타나시리라(히9:27-28).

4. 믿음은 바라는 것들의 (　　　)이요 보이지 않는 것들의 (　　　)니 선진들이 이로써 (　　　)를 얻었느니라(히11:1-2).

5. (　　　)이 없이는 하나님을 기쁘시게 하지 못하나니 하나님께 나아가는 자는 반드시 그가 계신 것과 또한 그가 자기를 찾는 자들에게 상주시는 이심을 (　　　)할지니라(히11:6).

6. 내 형제들아 너희가 여러 가지 (　　　)을 당하거든 온전히 기쁘게 여기라 이는 너희 믿음의 (　　　)이 인내를 만들어 내는 줄 너희가 앎이라(약1:2-3).

7. 오직 위로부터 난 지혜는 첫째 (　　　)하고 다음에 화평하고 관용하고 양순하며 긍휼과 선한 열매가 가득하고 (　　　)과 거짓이 없나니 화평하게 하는 자들은 화평으로 심어 의의 열매를 거두느니라(약 3:17-18).

8. 너희가 (　　　)를 순종함으로 너희 영혼을 깨끗하게 하여 거짓이 없이 형제를 사랑하기에 이르렀으니 마음으로 뜨겁게 서로 사랑하라 너희가 거듭난 것은 썩어질 씨로 된 것이 아니요 썩지 아니할 씨로 된 것이니 살아 있고 항상 있는 하나님의 (　　　)으로 되었느니라(벧전 1:22-23).

9. 그러므로 너희가 더욱 힘써 너희 (　　　)에 덕을, 덕에 지식을, 지식에 절제를, 절제에 인내를, 인내에 경건을, 경건에 형제 우애를, 형제 우애에 (　　　)을 더하라(벧후1:5-7).

단답형

1. "피 흘림이 없은즉 사함이 없느니라"라는 말씀이 기록된 신약성경의 책은 무엇인가? (　　　)

2. "너희 중에 고난 당하는 자가 있느냐 그는 기도할 것이요 즐거워하는 자가 있느냐 그는 찬송할지니라"라는 말씀이 나오는 신약성경의 책은 무엇인가? (　　　)

3. "사랑하는 자들아 주께는 하루가 천년 같고 천 년이 하루 같다는 이 한 가지를 잊지 말라"라는 말씀이 나오는 신약성경의 책은 무엇인가? (　　　)

4. "그러나 너희는 택하신 족속이요 왕 같은 제사장들이요 거룩한 나라요 그의 소유가 된 백성이니 이는 너희를 어두운 데서 불러내어 그의 기이한 빛에 들어가게 하신 이의 아름다운 덕을 선포하게 하려 하심이라"라는 말씀이 나오는 신약성경의 책은 무엇인가? (　　)

5. "양들의 큰 목자이신 우리 주 예수를 영원한 언약의 피로 죽은 자 가운데서 이끌어 내신 평강의 하나님이 모든 선한 일에 너희를 온전하게 하사 자기 뜻을 행하게 하시고 그 앞에 즐거운 것을 예수 그리스도로 말미암아 우리 가운데서 이루시기를 원하노라 영광이 그에게 세세 무궁토록 있을지어다 아멘"이라는 아름다운 축도가 들어 있는 신약성경의 책은 무엇인가? (　　)

6. "너희가 음란과 정욕과 술 취함과 방탕과 향락과 무법한 우상숭배를 하여 이방인의 뜻을 따라 행한 것은 지나간 때로 족하도다"라는 말씀이 나오는 신약성경의 책은 무엇인가? (　　)

7. "사랑은 허다한 죄를 덮느니라"라는 말씀이 나오는 곳은 베드로전서의 몇 장인가? (　　)

진위형(O,X)

1. "시험을 참는 자는 복이 있나니 이는 시련을 견디어 낸 자가 주께서 자기를 사랑하는 자들에게 약속하신 생명의 면류관을 얻을 것이기 때문이다"라는 말씀은 야고보서에 나온다. (O , X)

2. 야고보서에서 기도의 역사하는 힘을 설명하기 위하여 예로 들은 구약의 사람은 엘리야이다(약5:17). (O , X)

3. “온갖 좋은 은사와 온전한 선물이 다 위로부터 빛들의 아버지께로부터 내려오나니 그는 변함도 없으시고 회전하는 그림자도 없으시니라” 라는 말씀이 나오는 신약성경의 책은 히브리서이다. (O, X)

4. 그리스도께서 “영으로 가서 옥에 있는 영들에게 선포하시니라”라는 말씀은 베드로후서에서 나온다. (O, X)

5. 야고보서는 하나님 앞에서 정결하고 더러움이 없는 경건은 환난 중에 있는 고아와 과부를 돌보고 또한 자기를 세속에 물들지 않게 지키는 것이라고 정의한다. (O, X)

6. “근신하라 깨어라 너희 대적 마귀가 우는 사자 같이 두루 다니며 삼킬 자를 찾나니 너희는 믿음을 굳건하게 하여 그를 대적하라”라고 권면하는 서신은 야고보서이다. (O, X)

7. 베드로후서에는 “새 하늘과 새 땅”에 대한 언급이 있다. (O, X)

정 답

선택형

1.(3) 2.(2) 3.(3) 4.(3) 5.(3) 6.(2) 7.(4) 8.(3) 9.(4)

완성형

1.창시자, 고난 2.말씀, 결산 3.심판, 구원 4.실상, 증거, 증거 5.믿음, 믿어야 6.시험.시련 7.성결, 편견 8.진리, 말씀 9.믿음, 사랑

단답형

1.히브리서 2.야고보서 3.베드로후서 4.베드로전서 5.히브리서 6.베드로전서 7.4장

진위형

1.(O) 2.(O) 3.(X) 4.(X) 5.(O) 6.(X) 7.(O)

20 신약편 요한서신(요한 1·2·3서)

John Ⅰ·Ⅱ·Ⅲ

선택형

1. "태초에 있는 생명의 말씀에 관하여는"이라는 구절로 시작되는 신약의 책은 무엇인가?
   (1) 요한복음　(2) 요한1서　(3) 요한2서　(4) 요한3서

2. 다음 단어 '새 계명' 과 가장 관계가 깊은 책은 무엇인가?
   (1) 요한1서　(2) 요한3서　(3) 요한계시록　(4) 마태복음

3. "사랑하는 자여 네 영혼이 잘됨 같이 네가 범사에 잘되고 강건하기를 내가 간구하노라"는 구절이 기록된 서신서는 무엇인가?
   (1) 요한1서　(2) 요한2서　(3) 요한3서　(4) 히브리서

4. 다음 중 요한서신들에 나타나지 않는 단어는 무엇인가?
   (1) 계명　(2) 세상　(3) 택하심　(4) 율법

5. 다음 중 요한일서에서 예수를 가리키는 데에 사용한 용어가 아닌 것은 무엇인가?
   (1) 생명의 말씀　(2) 참 하나님
   (3) 하나님의 어린 양　(4) 그리스도

6. 요한3서에서 으뜸이 되기를 좋아하며 형제들을 비방하고 받아들이지 않았던 사람은 누구인가?
   (1) 빌레도 (2) 후메내오 (3) 알렉산더 (4) 디오드레베

완성형

1. 만일 우리가 ( )이(가) 없다고 말하면 스스로 속이고 또 진리가 우리 속에 있지 아니할 것이요(요일1:8).

2. 나의 자녀들아 내가 이것을 너희에게 씀은 너희로 죄를 범하지 않게 하려 함이라 만일 누가 죄를 범하여도 아버지 앞에서 우리에게 ( )이(가) 있으니 곧 의로우신 예수 그리스도시라(요일2:1).

3. 우리는 ( )를(을) 사랑함으로 사망에서 옮겨 생명으로 들어간 줄을 알거니와 사랑하지 아니하는 자는 사망에 머물러 있느니라(요일3:14).

4. 자녀들아 우리가 말과 혀로만 사랑하지 말고 ( )과(와) 진실함으로 하자(요일3:18).

5. 그를 향하여 우리가 가진 바 ( )이(가) 이것이니 그의 뜻대로 무엇을 구하면 들으심이라(요일5:14).

6. 사랑하는 자여 네 ( )이(가) 잘됨 같이 네가 범사에 잘되고 강건하기를 내가 간구하노라(요삼1:2).

단답형

1. 형제를 사랑함으로 사망에서 옮겨 생명으로 들어갔다고 선언하고 있는 서신서는 무엇인가? (　　　)

2. 요한서신 중 예수를 '화목 제물'이라고 언급하고 있는 서신은 무엇인가? (　　　)

3. 요한서신 중 예수 그리스도를 '물과 피'로 임하신 분이라고 표현하고 있는 서신은 무엇인가? (　　　)

4. 요한1서에 의하면 예수를 시인하지 않는 영은 누구의 영이라고 하는가? (요일4:3) (　　　)

5. 다음과 같은 구절이 있는 서신서는 무엇인가? (　　　)
"하나님께로부터 난 자는 다 범죄하지 아니하는 줄을 우리가 아노라 하나님께로부터 나신 자가 그를 지키시매 악한 자가 그를 만지지도 못하느니라."

진위형(O,X)

1. 서신서 중에 예수를 '화목제물'이라고 칭하고 있는 것은 요한1서뿐이다. (O , X)

2. 서신서 중 예수를 '대언자'로 언급하고 있는 것은 요한1서뿐이다. (O , X)

3. 요한2서는 그리스도의 교훈을 가지지 않고 나아가는 자를 집에 들이지도 말고 인사도 하지 말라고 권면한다. (O , X)

4. 요한3서는 '이신칭의' 라는 주제를 다루고 있다. (O , X)

5. 요한서신에서 '영생' 이란 단어는 요한1서에만 나타난다. (O , X)

정 답

선택형

1.(2) 2.(1) 3.(3) 4.(4) 5.(3) 6.(4)

완성형

1.죄 2.대언자 3.형제 4.행함 5.담대함 6.영혼

단답형

1.요한1서 2.요한1서 3.요한1서 4.적그리스도 5.요한1서

진위형

1.(X) 2.(O) 3.(O) 4.(X) 5.(O)

21 신약편 유다서

Jude

선택형

1. 유다서에서 거짓 교사들에 대한 경고에 앞서 악행 자들에게 내리신 하나님의 심판의 역사적 실례를 말한 것 중 아닌 것은 무엇인가? (유1:5-7)
   (1) 애굽에서 구원하여 내시고 믿지 아니하는 자들을 멸함
   (2) 자기 지위를 지키지 않고 자기 처소를 떠난 천사들을 큰 날의 심판까지 영원한 결박으로 흑암에 가두심
   (3) 노아의 홍수
   (4) 소돔과 고모라와 그 이웃들도 영원한 불의 형벌을 받음

2. 에녹은 아담의 몇 대손인가? (유1:14)
   (1) 오 대　(2) 육 대　(3) 칠 대　(4) 팔 대

3. 유다서에서 거짓 교사들이 악행을 나타내기 위하여 예로 들은 세 사람 중 아닌 것은 누구인가?
   (1) 가인　(2) 발람　(3) 고라　(4) 발락

4. 유다서에서 언급된 사람의 이름은 무엇인가?
   (1) 에녹　(2) 다니엘　(3) 다윗　(4) 엘리야

5. 천사장이 마귀와 다툰 것은 무엇인가? (유1:9)
   (1) 욥의 일　(2) 모세의 시체　(3) 예수의 시체　(4) 재림문제

완성형

1. 사랑하는 자들아 우리가 일반으로 받은 (　　　)에 관하여 내가 너희에게 편지하려는 생각이 간절하던 차에 성도에게 단번에 주신 (　　　)의 도를 위하여 힘써 싸우라는 편지로 너희를 권하여야 할 필요를 느꼈노니(유1:3).

단답형

1. "능히 너희를 보호하사 거침이 없게 하시고 너희로 그 영광 앞에 흠이 없이 기쁨으로 서게 하실 이 곧 우리 구주 홀로 하나이신 하나님께 우리 주 예수 그리스도로 말미암아 영광과 위엄과 권력과 권세가 영원 전부터 이제와 영원토록 있을지어다 아멘"으로 끝나는 신약성경의 책은 무엇인가? (　　　)

2. "사랑하는 자들아 너희는 너희의 지극히 거룩한 믿음 위에 자신을 세우며 (　　　)으로 기도하며 하나님의 사랑 안에서 자신을 지키며 영생에 이르도록 우리 주 예수 그리스도의 긍휼을 기다리라"(유1:20-21)라는 말씀에서 괄호 안에 들어갈 말은 무엇인가? (　　　)

3. "그들은 기탄 없이 너희와 함께 먹으니 너희의 애찬의 암초요 자기 몸만 기르는 목자요 바람에 불려가는 물 없는 구름이요 죽고 또 죽어 뿌리까지 뽑힌 열매 없는 가을 나무요 자기 수치의 거품을 품는 바다의

거친 물결이요 영원히 예비 된 캄캄한 흑암으로 돌아갈 유리하는 별들이라"라는 말씀이 나오는 신약성경의 책은 무엇인가? (　　　)

4. 베드로후서와 유사한 신약성경의 책은 무엇인가? (　　　)

5. 일반서신 중에서 배교와 타락을 특별히 경고한 서신은 무엇인가? (　　　)

진위형(O,X)

1. 유다서는 유대 외경을 인용하고 있다. (O , X)

2. 유다서에 나오는 구약의 인물들은 모세, 발람, 에녹, 고라, 가인, 아담이다. (O , X)

정 답

선택형

1.(3) 2.(3) 3.(4) 4.(1) 5.(2)

완성형

1.구원, 믿음

단답형

1.유다서 2.성령 3.유다서 4.유다서 5.유다서

진위형

1.(O) 2.(O)

22 신약편 요한계시록

Revelation

선택형

1. 요한계시록 1장 2절에서 볼 때 다음 중 복된 자에 속하지 않는 자는 누구인가?
   (1) 예언의 말씀을 읽는 자
   (2) 예언의 말씀을 듣는 자
   (3) 예언의 말씀을 기록하는 자
   (4) 예언의 말씀을 지키는 자

2. 다음 중 요한계시록에서 처음 사랑을 버렸다고 책망 받은 교회는 어느 교회인가?
   (1) 에베소 교회 (2) 서머나 교회
   (3) 라오디게아 교회 (4) 사데 교회

3. 다음 중 요한계시록에서 그 행위로 볼 때에 차지도 뜨겁지도 않고 미지근하다고 책망 받은 교회는 어느 교회인가?
   (1) 두아디라 교회 (2) 빌라델비아 교회
   (3) 라오디게아 교회 (4) 사데 교회

4. 요한계시록 1장 20절에 의하면 일곱 촛대는 무엇을 의미하는가?

(1) 일곱 교회의 사자 (2) 일곱 천사
(3) 일곱 나라 (4) 일곱 교회

5. 다음 중 요한계시록에 묘사된 새 하늘과 새 땅, 새 예루살렘과 관계없는 것은 무엇인가?
(1) 저주가 없다 (2) 밤이 없다
(3) 등불과 햇빛이 쓸데없다 (4) 성문이 없다

6. 다음 중 요한계시록과 가장 관계가 먼 주제는 무엇인가?
(1) 순교 (2) 우상숭배
(3) 이신칭의 (4) 교회의 궁극적 승리

7. 다음 중 요한계시록에서 복이 있다고 선언된 대상이 아닌 것은 무엇인가?
(1) 주 안에서 죽은 자들 (2) 첫째 부활에 참여하는 자들
(3) 자기 두루마기를 빠는 자들 (4) 의를 위해서 박해 받은 자들

완성형

1. 주 하나님이 이르시되 나는 알파와 (　　　)(이)라 이제도 있고 전에도 있었고 장차 올 자요 전능한 자라 하시더라(계1:8).

2. 이르되 네가 보는 것을 두루마리에 써서 에베소, 서머나, 버가모, 두아디라, 사데, (　　　), 라오디게아 등 일곱 교회에 보내라 하시기로(계1:11).

3. 그가 오른손을 내게 얹고 이르시되 두려워하지 말라 나는 처음이요 마지막이니 곧 살아 있는 자라 내가 전에 죽었었노라 볼지어다 이제 세세토록 살아 있어 사망과 음부의 (   )를(을) 가졌노니(계1:17-18).

4. 내가 네 환난과 궁핍을 알거니와 실상은 네가 부요한 자니라 자칭 유대인이라 하는 자들의 비방도 알거니와 실상은 유대인이 아니요 (   )의 회당이라(계2:9).

5. 내가 보매 어린 양이 일곱 인 중의 하나를 떼시는데 그 때에 내가 들으니 네 생물 중의 하나가 우렛소리 같이 말하되 오라 하기로 이에 내가 보니 흰 말이 있는데 그 탄 자가 활을 가졌고 (   )을(를) 받고 나아가서 이기고 또 이기려고 하더라(계6:1-2).

6. 누구든지 이 표를 가진 자 외에는 매매를 못하게 하니 이 표는 곧 짐승의 이름이나 그 이름의 수라 지혜가 여기 있으니 총명한 자는 그 짐승의 수를 세어 보라 그것은 사람의 수니 그의 수는 (   )이니라(계13:17-18).

7. 보라 내가 속히 오리니 이 두루마리의 예언의 말씀을 (   )자는 복이 있으리라 하더라(계22:7).

단답형

1. 요한계시록 12장에서 큰 용과 하늘에서 전쟁을 하는 천사의 이름은 무엇인가? (계12:7) (   )

2. 요한계시록에 의하면 크고 흰 보좌 앞에서 심판이 이루어질 때에 생명책에 기록되지 못한 자는 어디에 던져지게 되는가? (계20:15) (   )

3. 요한계시록에서 용 또는 사탄은 천 년동안 결박되어 어디에 갇혀있게 되는가? (계20:2-3) ( )

4. 요한계시록에서 아시아의 교회들 중 이기는 자에게 생명나무 열매가 약속된 교회는 어느 교회인가? ( )

5. 요한계시록에서 아시아의 교회들 중 이기는 자에게 둘째 사망의 해를 받지 않는 약속을 주신 교회는 어느 교회인가? ( )

진위형(O,X)

1. 요한계시록에서 예수 그리스도는 "어린 양," "광명한 새벽 별" 등으로 묘사되기도 한다. (O , X)

2. 신약성경에서 세상의 종말에 관해 언급하고 있는 책은 요한계시록뿐이다. (O , X)

3. 요한계시록에는 많은 상징적인 숫자와 동물들이 나타난다. (O , X)

4. 요한계시록에는 "충신과 진실"이라고 불리는 백마를 탄 자가 등장한다. (O , X)

5. "죽도록 충성하라 그리하면 내가 생명의 관을 네게 주리라"는 약속은 요한계시록에서 서머나 교회에게 주신 것이다. (O , X)

6. 요한계시록에는 '천년왕국' 이란 단어가 나온다. (O , X)

7. 요한계시록은 "주 예수의 은혜가 모든 자들에게 있을지어다 아멘"이라는 구절로 끝난다. (O , X)

정 답

선택형

1.(3) 2.(1) 3.(3) 4.(4) 5.(4) 6.(3) 7.(4)

완성형

1.오메가 2.빌라델비아 3.열쇠 4.사탄 5.면류관 6.육백육십육(666) 7.지키는

단답형

1.미가엘 2.불못 3.무저갱 4.에베소 교회 5.서머나 교회

진위형

1.(O) 2.(X) 3.(O) 4.(O) 5.(O) 6.(X) 7.(O)

너는 진리의 말씀을 옳게 분별하며 부끄러울 것이 없는 일꾼으로 인정된 자로
자신을 하나님 앞에 드리기를 힘쓰라(딤후 2:15).

성경종합고사를 위한 성경문제 **핸드북**

지은이 대학출판부 편
발행인 피 영 민
초판발행 2019. 9. 30
2쇄 발행 2024. 4. 12
등록번호 출판 제6호 (1979. 9. 22)
발행처 한국침례신학대학교 출판부

주소 대전광역시 유성구 북유성대로 190 (34098)
전화 (042)828-3257 / E-mail: public@kbtus.ac.kr
FAX (042)828-3256 / 홈페이지 www.kbtus.ac.kr

〈값 7,000원〉

ISBN 979-11-89528-17-1 13230